MANGER SANTÉ

SANTÉ

POUR LE PLAISIR

cuisiner santé sans compromis

MINÇAVI. Manger santé pour le plaisir

www.mincavi.com

Design : Spoutnik

Photographe : Louis Ducharme

Styliste culinaire : Josée Robitaille

Assistante-styliste : Marie-Sophie Picard

Accessoiriste : Dominique Bernard

Chef : Vincent Montcalm

Nutritionnistes : Danielle Dubois
Véronique Therrien

Nous tenons à souligner la précieuse collaboration des commerces
qui nous ont prêté généreusement les accessoires de table
utilisés pour la présentation des mets :

Baltazar   Renaud & cie
La cuisine de Fany   Zone
La maison de Josée

© Minçavi, 2005
Tous droits réservés
Dépot légal - Bibliothèque nationale du Québec, 2005
Bibliothèque et Archives Canada, 2005

ISBN : 2-922852-21-0

Cet ouvrage a été imprimé par Caractéra au Québec.

Note importante : les propriétés des aliments présentées dans cet ouvrage n'en font pas des panacées
ni des recommandations médicales. C'est l'ensemble de l'alimentation plutôt que les ingrédients consommés
isolément qui ont une influence capitale sur notre santé.

Imprimé au Canada

Préface

Depuis plus de 20 ans maintenant, Minçavi fait partie du paysage québécois.
Tout le monde a dans son entourage une personne qui a vécu Minçavi. Peut-être
nous connaissez-vous comme un programme alimentaire pour perdre du poids,
mais notre mission va bien au-delà.

Minçavi est un mode de vie sain, appuyé par des nutritionnistes, qui a pour objectif
d'améliorer votre santé et celle de votre famille. Jetez par-dessus bord tous vos préjugés!
Manger santé peut être convivial et satisfaisant: on y prend goût! Cuisiner est une affaire
de cœur; du choix des ingrédients au moment où l'on passe au salon pour prendre le café,
l'expérience devrait toujours regorger de plaisir!

Ce livre se veut une invitation à célébrer la vie, à profiter de l'instant qui passe.
Des portions généreuses, festives et sans prétention demeurent les ingrédients parfaits
pour un repas mémorable. Les recettes que nous vous proposons sont faciles à exécuter.
Elles ne contiennent que quelques étapes simples à suivre. Les photos qui accompagnent
chacune des recettes vous suggèrent une présentation, n'hésitez pas à créer vos propres
agencements, les mets seront tout aussi délicieux.

Saisissez l'occasion de donner libre cours à votre appétit de vivre!

Sur ces mots, nous vous laissons maintenant découvrir le plaisir de manger santé!

Caroline M. Gauthier, vice-présidente et
Lyne Martineau, présidente Minçavi.

Table des matières

Préface   3

Entrées et amuse-gueules   6

Soupes et potages   18

Légumes et accompagnements   28

Salades   36

Plats principaux   48

Desserts   120

Boissons et déjeuners   144

Les essentiels   160

Trucs pratiques et conseils   180

Suggestions de menus   184

Index des recettes   186

Équivalences Minçavi   186

Mousse de jambon - 8

Mousse de crevettes de Matane - 10

Pain à l'ail - 12

Steak tartare - 14

Tartare de saumon - 16

Soupe Miso au tofu grillé - 18

Soupe de poisson - 20

Velouté de champignons - 22

Velouté de volaille - 24

Chaudrée de palourdes - 26

{ *Entrées, amuse-gueules, soupes et potages* }

Mousse de jambon

Pratique sur une salade, en sandwich ou sur des craquelins.

Ingrédients

1 sachet	Gélatine
125 ml (½ tasse)	Lait évaporé sans gras
480 g (17 oz)	Jambon maigre fumé
2 pincées	Muscade en poudre
	Poivre du moulin au goût
30 ml (2 c. à soupe)	Persil frais haché
15 ml (1 c. à soupe)	Estragon frais haché
15 ml (1 c. à soupe)	Vinaigre de xérès
2	Blancs d'œufs

4 portions

Dans un petit bol à soupe, saupoudrer la gélatine sur 60 ml (¼ tasse) de lait évaporé et attendre 2 minutes. Ajouter 60 ml (¼ tasse) de lait évaporé chaud et bien mélanger.

Hacher le jambon au robot culinaire avec la muscade et le poivre. Ajouter la gélatine au jambon et mélanger pendant 1 minute. Ajouter le persil, l'estragon et le vinaigre.

Au batteur électrique, monter les blancs d'œufs en neige. Ajouter à la préparation de jambon en pliant délicatement jusqu'à ce que le mélange soit homogène, mais sans plus. Vider dans une terrine et réfrigérer au moins 4 heures avant de servir.

«Plier» signifie incorporer à la spatule en rabattant une préparation sur une autre avec un léger mouvement rotatif. Cette étape permet de conserver un maximum d'air dans la préparation.

Les blancs d'œufs sont riches en protéines, mais ne contiennent pas de gras.

Mousse de crevettes de Matane

Réduite en gras mais riche en saveur !

Ingrédients

250 ml (1 tasse)	**Lait évaporé sans gras**
10 ml (2 c. à thé)	**Fécule de maïs**
2,5 ml (½ c. à thé)	**Sel**
½	**Citron pressé**
45 ml (3 c. à soupe)	**Persil frais haché**
2,5 ml (½ c. à thé)	**Paprika**
1,25 ml (¼ c. à thé)	**Poivre blanc**
1,25 ml (¼ c. à thé)	**Poudre d'ail**
480 g (17 oz)	**Crevettes de Matane**
2	**Blancs d'œufs**

8 portions

Dans une casserole, mélanger à l'aide d'un fouet le lait évaporé, la fécule de maïs, le sel, le jus de citron et les assaisonnements.

Amener à ébullition, puis retirer immédiatement du feu. Ajouter le persil. Laisser refroidir.

Hacher les crevettes au robot culinaire et les ajouter à la préparation refroidie. Bien mélanger. Réserver dans un grand bol.

Au batteur électrique, monter les blancs d'œufs en neige. Ajouter à la préparation en pliant délicatement jusqu'à ce que le mélange soit homogène, mais sans plus.

Vider aussitôt la préparation dans une terrine. Réfrigérer au moins 4 heures avant de servir.

La crevette est une excellente source de sélénium, enzyme antioxydante qui prévient la formation de radicaux libres dans l'organisme.

Pain à l'ail

Personne ne devinera que cette recette n'a pas de beurre!

Ingrédients	
1 grosse tête (12 gousses)	**Ail frais**
250 ml (1 tasse)	**Eau**
½	**Citron pressé**
5 ml (1 c. à thé)	**Moutarde de Dijon**
15 ml (1 c. à soupe)	**Persil frais haché**
1,25 ml (¼ c. à thé)	**Sel**
15 ml (1 c. à soupe)	**Huile d'olive extra-vierge**
	Pain intégral
	Fromage parmesan ou romano râpé

6 portions

Éplucher l'ail en gardant les gousses entières. Mettre dans une casserole avec l'eau.

Couvrir et faire cuire à feu moyen environ 20 minutes ou jusqu'à ce que l'ail soit tendre.

Égoutter l'ail et le mélanger au robot culinaire pendant une minute. Ajouter les autres ingrédients. Mélanger encore jusqu'à l'obtention d'une préparation lisse.

Tartiner le pain, puis garnir de fromage râpé si désiré.

Faire griller au four pendant quelques minutes.

Cette préparation à l'ail peut être utilisée pour assaisonner d'autres recettes.

L'ail est un grand protecteur du système cardiovasculaire.

Steak tartare

Quoi de plus simple pour ravir les papilles !

Ingrédients

150 g (5 oz)	Intérieur de ronde de bœuf
30 ml (2 c. à soupe)	Échalotes hachées
15 ml (1 c. à soupe)	Persil frais haché
15 ml (1 c. à soupe)	Estragon frais haché
15 ml (1 c. à soupe)	Câpres
15 ml (1 c. à soupe)	Vinaigre de xérès
15 ml (1 c. à soupe)	Moutarde de Dijon
5 ml (1 c. à thé)	Huile d'olive extra-vierge
15 ml (1 c. à soupe)	Sauce Worcestershire
1,25 ml (¼ c. à thé)	Sel
1	Jaune d'œuf
	Poivre du moulin au goût

1 portion

Hacher le bœuf finement.

Mélanger tous les ingrédients.

Servir immédiatement.

Si vous ne désirez pas hacher la viande vous-même, demandez à votre boucher de le faire au moment de l'achat. Pour un maximum de saveur et de fraîcheur, préférez le bœuf haché sur place par votre boucher plutôt que le bœuf haché pré-emballé disponible au comptoir réfrigéré de votre épicerie.

Riche en fer, cette recette peut aider à combattre l'anémie.

Tartare de saumon

La fraîcheur à l'honneur !

Ingrédients

150 g (5 oz)	Saumon très frais
15 ml (1 c. à soupe)	Persil frais haché
15 ml (1 c. à soupe)	Câpres
15 ml (1 c. à soupe)	Oignon haché
15 ml (1 c. à soupe)	Jus de citron frais
2,5 ml (½ c. à thé)	Estragon frais haché
2,5 ml (½ c. à thé)	Moutarde de Dijon
1,25 ml (¼ c. à thé)	Sel
5 ml (1 c. à thé)	Huile d'olive
	Poivre du moulin au goût

1 portion

Trancher le saumon en fines tranches sur la longueur du filet, puis trancher de nouveau dans l'autre sens, sans trop le hacher.

Dans un bol, mélanger tous les autres ingrédients au saumon.

Servir immédiatement.

Pour réussir un tartare de saumon, il est essentiel que les ingrédients soient d'une grande fraîcheur.

Préparer le tartare et le servir immédiatement.

L'oméga-3 présent dans le saumon joue un rôle fondamental dans le développement et le maintien des capacités du cerveau.

Soupe Miso au tofu grillé

Évasion asiatique... le temps d'un repas !

Ingrédients

1	Poireau
1 l (4 tasses)	Bouillon de poulet maison (voir recette p. 162)
2,5 ml (½ c. à thé)	5 épices asiatiques
175 g (6 oz)	Tofu ferme
1,25 ml (¼ c. à thé)	Poudre d'oignon
1,25 ml (¼ c. à thé)	Poudre d'ail
1,25 ml (¼ c. à thé)	Sel
5 ml (1 c. à thé)	Graines de sésame
45 ml (3 c. à soupe)	Miso de soya (ou de riz)
250 ml (1 tasse)	Eau
30 ml (2 c. à soupe)	Sauce soya japonaise
325 ml (1 ⅓ tasse)	Champignons blancs émincés

4 portions

Tailler le poireau en fines tranches, puis déposer dans une casserole avec le bouillon de poulet. Ajouter les 5 épices. Amener à ébullition. Baisser le feu et laisser mijoter pendant 15 minutes.

Couper le tofu en cubes de 1,5 cm (½ pouce). Déposer dans un bol. Ajouter la poudre d'oignon, la poudre d'ail, le sel et les graines de sésame. Mélanger.

Placer les cubes de tofu sur une plaque antiadhésive. Griller au four pendant 15 minutes ou jusqu'à ce que le tofu commence à colorer.

Retirer du four et réserver.

Diluer le miso dans 250 ml (1 tasse) d'eau bouillante, puis l'ajouter au bouillon.

Retirer du feu, ajouter la sauce soya et les champignons. Garnir la soupe avec les cubes de tofu et servir.

Faible en gras, riche en protéine, en fibres et en fer, le tofu est un excellent substitut à la viande.

Soupe de poisson

Un fumet indispensable et savoureux!

Ingrédients

5 ml (1 c. à thé)	Huile d'olive
2,5 ml (½ c. à thé)	Sel
1	Oignon moyen émincé
1	Carotte émincée
2 branches	Céleri émincé
500 ml (2 tasses)	Fumet de poisson ou de bouillon de poulet maison (voir recette p. 162)
3 gousses	Ail haché
5 ml (1 c. à thé)	Herbes de Provence
1 pincée	Safran
2	Pommes de terre coupées en dés
100 ml	Fondue de tomates (voir recette page 116)
200 g (7 oz)	Moules fraîches
400 g (14 oz)	Poisson de votre choix

4 portions

Dans une casserole, chauffer l'huile d'olive. Faire suer à feu moyen l'oignon, la carotte et le céleri. Ajouter le sel.

Ajouter le fumet ou le bouillon, l'ail, les herbes de Provence, le safran et les pommes de terre. Laisser mijoter pendant 15 minutes, puis ajouter la fondue de tomates. Ajouter les moules, les morceaux de poisson et laisser mijoter 10 minutes, pas plus.

Les moules sont une excellente source de fer.

Velouté de champignons

Quand le velouté devient volupté !

Ingrédients

227 g (1 casseau)	Champignons blancs
250 ml (1 tasse)	Pleurotes
1	Oignon
5 ml (1 c. à thé)	Huile d'olive extra-vierge
2,5 ml (½ c. à thé)	Sel
500 ml (2 tasses)	Bouillon de poulet maison non salé (voir recette p. 162)
385 ml (1 boîte)	Lait évaporé sans gras
45 ml (3 c. à soupe)	Fécule de maïs
30 ml (2 c. à soupe)	Persil frais haché
1 pincée	Poivre blanc

4 portions

Couper les champignons en dés et hacher l'oignon finement.

Les faire suer dans une casserole à feu moyen avec l'huile d'olive et le sel.

Poursuivre la cuisson jusqu'à ce que tout le liquide qui s'échappe des légumes soit évaporé (environ 20 minutes).

Ajouter le bouillon de poulet. Laisser mijoter encore 10 minutes.

Dans un petit bol, verser d'abord une petite partie du lait évaporé, puis ajouter la fécule de maïs. Mélanger et ajouter le reste du lait.

Verser dans la casserole en brassant.

Amener le tout à ébullition. Retirer du feu.

Ajouter le persil haché et le poivre blanc.

Bonne source de niacine, les pleurotes contribuent à la santé de la peau.

Velouté de volaille

Pour un bol de réconfort.

Ingrédients

1	Oignon haché
1 branche	Céleri émincé
1	Carotte coupée en dés
1 gousse	Ail haché
5 ml (1 c. à thé)	Huile d'olive
5 ml (1 c. à thé)	Sel
500 ml (2 tasses)	Bouillon de poulet maison non salé (voir recette p. 162)
250 ml (1 tasse)	Eau
300 g (10 oz)	Poitrine de poulet frais, coupée en dés
75 ml (1/3 tasse)	Fécule de maïs
250 ml (1 tasse)	Lait évaporé sans gras
30 ml (2 c. à soupe)	Persil frais haché
15 ml (1 c. à soupe)	Estragon frais haché
1 pincée	Poivre blanc

4 portions

Dans une casserole, faire suer dans l'huile l'oignon, la carotte, le céleri, l'ail et le sel à feu moyen pendant 10 minutes. Ajouter le poulet coupé en morceaux et poursuivre la cuisson pendant 2 minutes.

Ajouter le bouillon de poulet et l'eau. Laisser mijoter pendant 20 minutes.

Dans un bol, délayer la fécule de maïs dans une petite partie du lait. Ajouter le reste du lait. Verser dans la casserole. Amener à ébullition en remuant constamment.

Retirer du feu. Ajouter le persil, l'estragon et le poivre blanc.

Faible en matières grasses lorsqu'il est consommé sans peau, le poulet est une source de protéines intéressante pour les gens soucieux de leur santé.

Chaudrée de palourdes

Après une longue journée froide d'hiver,
rien de tel qu'une bonne soupe pour se réchauffer !

Ingrédients

1	Oignon haché
1 branche	Céleri émincé
1 gousse	Ail haché
5 ml (1 c. à thé)	Huile d'olive
2,5 ml (½ c. à thé)	Sel
1 pincée	Poivre blanc
½	Feuille de laurier
75 ml (⅓ tasse)	Vin blanc
250 ml (1 tasse)	Bouillon de volaille (voir recette p. 162)
142 g (1 boîte)	Palourdes avec le jus
2	Pommes de terre moyenne coupées en cubes
45 ml (3 c. à soupe)	Fécule de maïs
250 ml (1 tasse)	Lait évaporé sans gras

2 portions

Déposer l'oignon, le céleri et l'ail dans une casserole avec l'huile, le sel, le poivre et la feuille de laurier. Couvrir et faire suer à feu doux quelques minutes.

Ajouter le vin blanc, le bouillon de volaille et le jus des palourdes. Amener à ébullition, puis laisser mijoter à feu doux pendant 10 minutes.

Ajouter les pommes de terre et les palourdes. Poursuivre la cuisson jusqu'à ce que les pommes de terre soient cuites.

Délayer la fécule de maïs dans le lait évaporé. Ajouter à la chaudrée.

Amener de nouveau à ébullition et retirer du feu.

Très riche en vitamine B12, la palourde peut aider à traiter l'anémie pernicieuse.

Tarte portugaise - 30

Patates grecques - 32

Champignons marinés à la grecque - 34

Salade d'asperges aux amandes grillées - 36

Salade de légumes grillés - 38

Salade de grelots et de jambon - 40

Salade composée, pousses à l'orange et thon au riz - 42

Purée de céleri-rave - 44

{ *Légumes et accompagnements, salades* }

Tarte portugaise

Voilà un accompagnement chic et coloré !

Ingrédients

2	Oignons moyens
3	Poivrons rouges
15 ml (1 c. à soupe)	Huile d'olive extra-vierge
4 gousses	Ail haché
3,75 ml (¾ c. à thé)	Sel
5 ml (1 c. à thé)	Thym séché
5 ml (1 c. à thé)	Origan séché
4 (500 g ou 2 tasses)	Petites courgettes
3 (400 g ou 1 ½ tasse)	Petites aubergines
4	Tomates italiennes
1 tranche	Pain intégral réduit en chapelure

6 portions

Couper les oignons et les poivrons en fines tranches. Déposer dans une casserole avec l'huile d'olive et l'ail. Ajouter une petite partie du sel, du thym et de l'origan.

Cuire à feu doux pendant 20 minutes, sans couvrir (évitez de colorer les légumes).

Préchauffer le four à 150 °C (300 °F). À l'aide d'une mandoline ou d'un couteau bien tranchant, couper les courgettes, les aubergines et les tomates en fines tranches.

Placer le mélange de poivrons et d'oignons dans un plat allant au four. Saupoudrer d'une partie de la chapelure.

Disposer uniformément les tranches d'aubergines et les saupoudrer d'une partie du sel, du thym, de l'origan et de la chapelure. Faire la même chose avec les tomates, puis avec les courgettes. Couvrir.

Faire cuire au four pendant 1 heure.

Retirer le couvercle et poursuivre la cuisson encore 1 heure.

Pour obtenir de jolies portions individuelles, séparer la préparation dans de petits ramequins avant la cuisson.

Servir chaud ou froid, selon votre goût.

Ce plat accompagne merveilleusement bien les œufs pochés. À savourer aussi comme plat principal le midi ou en entrée.

Les légumes colorés sont des agents anticancéreux.

Patates grecques

Une nouvelle façon de servir la traditionnelle pomme de terre !

Ingrédients

4	**Pommes de terre moyenne à chair jaune**
5 ml (1 c. à thé)	**Sel**
5 ml (1 c. à thé)	**Paprika**
5 ml (1 c. à thé)	**Poudre d'oignon**
2,5 ml (½ c. à thé)	**Cari**
1 pincée	**Piment de Cayenne**
1 pincée	**Poivre blanc**
20 ml (4 c. à thé)	**Huile d'olive extra-vierge**

4 portions

Déposer les pommes de terre lavées, sans les éplucher, dans une casserole et les couvrir d'eau froide. Ajouter le sel.

Amener à ébullition. Baisser à feu doux et poursuivre la cuisson jusqu'à ce que les pommes de terre soient cuites mais encore fermes.

Égoutter et laisser refroidir complètement.

Mélanger les épices et le sel. Couper les pommes de terre en six « quartiers ». Saupoudrer le mélange d'épices afin de bien les couvrir. Arroser d'huile d'olive.

Disposer les pommes de terre assaisonnées sur une plaque antiadhésive.

Faire cuire dans le four préchauffé à 205 °C (400 °F) pendant 40 minutes en retournant les pommes de terre une ou deux fois.

Consommée avec la pelure, la pomme de terre est une bonne source de fibres alimentaires.

Champignons marinés à la grecque

Un à-côté mignon qui fera sensation !

Ingrédients

454 g (2 casseaux)	Champignons au choix (pleurotes, Portobello, de Paris, café)
1	Poivron rouge
2	Citrons pressés
4 gousses	Ail haché
1,25 ml (¼ c. à thé)	Sel
5 ml (1 c. à thé)	Origan
15 ml (1 c. à soupe)	Huile d'olive extra-vierge
	Poivre du moulin au goût

6 portions

Trancher les champignons et les poivrons. Mélanger avec le reste des ingrédients. Laisser mariner au réfrigérateur au moins 12 heures avant de servir.

Les champignons marinés accompagnent très bien une grande variété de plats. De plus, comme ils se préparent à l'avance, vous pouvez toujours les avoir sous la main.

Une consommation modérée d'huile d'olive est associée à une plus faible prévalence des cancers du sein, du côlon et de la prostate.

Salade d'asperges aux amandes grillées

*Croquante et appétissante, cette jolie salade au grand raffinement
est idéale comme entrée ou en accompagnement !*

Ingrédients

454 g (1 lb)	**Asperges fraîches (le bout cassé)**
5 ml (1 c. à thé)	**Sel**
125 ml (½ tasse)	**Amandes en tranches**
30 ml (2 c. à soupe)	**Vinaigre à sushi**
15 ml (1 c. à soupe)	**Huile de sésame grillé**
30 ml (2 c. à soupe)	**Sauce soya (japonaise)**

6 portions

Amener 2 litres d'eau à ébullition avec
1 cuillerée à thé de sel et y blanchir les asperges.

Lorsque l'eau recommence à bouillir,
retirer les asperges de l'eau bouillante, puis
les mettre immédiatement dans l'eau glacée.
Laisser refroidir les asperges complètement.

Placer les amandes sur une plaque à biscuits
et les faire griller au four environ 10 minutes
à 160 °C (325 °F).

Égoutter les asperges et les placer dans un bol.

Ajouter le vinaigre, l'huile de sésame grillé,
la sauce soya et les amandes grillées.

*Blanchir les légumes verts dans l'eau bouillante
salée et les refroidir aussitôt dans l'eau glacée
leur permet de conserver un vert éclatant et
un léger croquant.*

L'asperge contient des propriétés diurétiques indéniables.

Salade de légumes grillés

Servi tiède ou froid, cet accompagnement vitaminé
est de mise pour les gourmets soucieux de leur santé!

Ingrédients

6	**Petites courgettes**
1	**Aubergine**
4	**Poivrons rouges**
2	**Oignons espagnols (blancs ou rouges)**
2 gousses	**Ail haché**
30 ml (2 c. à soupe)	**Huile d'olive extra-vierge**
45 ml (3 c. à soupe)	**Vinaigre de xérès**
2,5 ml (½ c. à thé)	**Sel**
	Poivre du moulin au goût
15 ml (1 c. à soupe)	**Origan frais haché**

6 portions

Couper les légumes de façon à obtenir des morceaux de 1,5 cm (½ pouce) d'épaisseur.

Sur le barbecue bien chaud, faire griller séparément tous les légumes jusqu'à ce qu'ils soient marqués.

Retirer les légumes et réserver dans un bol.

Ajouter l'ail haché, l'huile d'olive, le vinaigre, le sel, le poivre et l'origan. Mélanger le tout.

Les mets, à faible indice glycémique, comme cette salade, rassasient et évitent les fringales.

Salade de grelots et de jambon
à la moutarde et à la sauge

La salade de patates réinventée.

Ingrédients

700 g (1 ½ lb)	**Pommes de terre grelots**
30 ml (2 c. à soupe)	**Moutarde à l'ancienne**
5 ml (1 c. à thé)	**Sauge fraîche hachée**
30 ml (2 c. à soupe)	**Persil frais haché**
30 ml (2 c. à soupe)	**Vinaigre de vin blanc**
	Sel au goût
2,5 ml (½ c. à thé)	**Poivre noir du moulin**
30 ml (2 c. à soupe)	**Huile d'olive extra-vierge**
700 g (1 ½ lb)	**Jambon maigre**
2 gousses	**Ail**
1	**Petit oignon**

6 portions

Mettre les pommes de terre dans une casserole remplie d'eau froide avec 1 cuillerée à thé de sel. Amener à ébullition. Baisser à feu doux et poursuivre la cuisson environ 30 minutes ou jusqu'à ce que les pommes de terre soient cuites mais encore fermes.

Retirer les pommes de terre de l'eau. Laisser refroidir complètement.

Dans un bol à salade, mélanger la moutarde, la sauge, le persil, le vinaigre, le sel et le poivre. Mélanger au fouet en y ajoutant l'huile graduellement. Réserver.

Couper les grelots en deux (ou les laisser entiers) et les ajouter dans le bol à salade.

Ajouter le jambon coupé en morceaux.

Hacher l'ail et l'oignon. Ajouter à la salade.

Réfrigérer jusqu'au moment de servir.

Cette salade est également délicieuse servie tiède.

Riche en potassium, la pomme de terre participe au bon fonctionnement des reins et des glandes surrénales.

Salade composée,
pousses à l'orange et thon au riz

Deux délices... à disposer au gré de votre fantaisie.

Salade de pousses

1	**Orange pressée**
2 pincées	**Cari en poudre**
5 ml (1 c. à thé)	**Moutarde de Dijon**
	Sel et poivre au goût
30 ml (2 c. à soupe)	**Huile d'olive extra-vierge**
500 ml (2 tasses)	**Pousses au choix (luzerne, tournesol, pois, etc.)**

Salade de thon

1 boîte de 180 g (5 oz)	**Thon bien égoutté**
250 ml (1 tasse)	**Riz cuit refroidi**
45 ml (3 c. à soupe)	**Tofu mou**
30 ml (2 c. à soupe)	**Mayonnaise Minçavi**
15 ml (1 c. à soupe)	**Moutarde de Dijon**
30 ml (2 c. à soupe)	**Persil frais haché**
1 branche	**Céleri haché**
	Sel et poivre au goût

2 portions

Dans un bol, mélanger tous les ingrédients de la salade de thon. Réserver au réfrigérateur.

Pour préparer la vinaigrette de la salade de pousses, mettre le jus d'orange et la poudre de cari dans une petite casserole. Porter à ébullition et réduire jusqu'à ce qu'il ne reste que 2 cuillères à soupe de liquide (environ 7 minutes à grande ébullition).

Verser la réduction dans un bol. Ajouter la moutarde, le sel et le poivre. Verser l'huile en filet en remuant à l'aide d'un fouet.

Au moment de servir, mélanger doucement les pousses avec la vinaigrette.

Dans une assiette, faire un nid avec la salade de pousses, garnir le centre avec la salade de thon.

Le riz brun contient plus de fibres que le riz blanc, bénéfiques pour prévenir la constipation.

Purée de céleri-rave

Un légume qui sort de l'ordinaire !

Ingrédients

4	**Pommes de terre Yukon Gold pelées et coupées en dés**
500 ml (2 tasses)	**Céleris-raves pelés et coupés en dés**
75 ml (1/3 tasse)	**Fond de volaille dégraissé ou de bouillon de volaille sans gras (voir recette p. 162)**
	Sel et poivre du moulin au goût

4 portions

Dans une casserole remplie d'eau légèrement salée, faire cuire les pommes de terre et les céleris-raves jusqu'à ce qu'ils soient tendres.

Retirer du feu et égoutter.

À l'aide d'un batteur électrique, réduire les légumes en purée. Ajouter le fond de volaille et mélanger. Assaisonner de sel et de poivre au goût.

Riche en potassium, le céleri-rave peut aider à prévenir l'hypertension artérielle.

Bœuf Stroganov - 48

Pot-au-feu de côtes croisées - 50

Bœuf bourguignon - 52

Souvlaki - 54

Filet de porc au poivre vert - 56

Cari de porc au gingembre et aux fruits - 58

Rôti de porc glacé aux pommes et sauce parfumée à l'anis - 60

Satay de poulet sauce aux arachides - 62

Waterzooï - 64

Boulettes de dindon aux champignons Portobello - 66

Poulet grillé sauce à l'orange et à la coriandre - 68

Brochettes de poulet au romarin et au citron - 70

Poivrons farcis au riz sauvage - 72

Poulet chasseur - 74

Lapin à la moutarde et à l'estragon - 76

Rôti de chevreuil mariné à la *Raffaele* - 78

Suprêmes de pintade à la choucroute - 80

Noisettes de veau à la persillade et fondue d'oignons - 82

Paupiettes de foie de veau et de jambon à la duxelles - 84

Escalopes de veau à la milanaise - 86

Kebabs aux épices marocaines - 88

Filet de truite arc-en-ciel à l'antiboise - 90

Escabèche de bar rayé et de vivaneau - 92

Filet de sole Bonne Femme - 94

Filet de saumon sauté, sauce à l'aneth et aux épinards - 96

Bâtonnets de poisson et de crabe - 98

Moules trois façons - 100

Frites - 100

Coquilles Saint-Jacques - 102

Langoustines grillées à l'ail - 104

Crevettes provençales - 106

Pâtes à la carbonara - 108

Sauce Alfredo ou rosée - 110

Coquilles farcies à la ricotta et aux olives Kalamata - 112

Gnocchis à la romaine - 114

Tarte à la ricotta et fondue de tomates - 116

Crêpes grillées farcies au fromage de chèvre et jambon - 118

{ *Plats principaux* }

Bœuf Stroganov

*D'origine russe, ce classique
ne laissera personne indifférent !*

Ingrédients

600 g (1 1/3 lb)	Bœuf (intérieur de ronde ou surlonge)
15 ml (1 c. à soupe)	Huile d'olive extra-vierge
2	Oignons émincés
227 g (un casseau)	Champignons blancs émincés
200 ml	Vin blanc
30 ml (2 c. à soupe)	Fécule de maïs
250 ml (1 tasse)	Lait évaporé sans gras
100 ml	Crème sure sans gras
15 ml (1 c. à soupe)	Moutarde de Dijon
15 ml (1 c. à soupe)	Persil frais haché
2,5 ml (½ c. à thé)	Sel
1 pincée	Poivre blanc

4 portions

Tailler la viande en lamelles. Faire sauter dans un poêlon très chaud avec la moitié de l'huile d'olive. Saler et poivrer, puis retirer la viande du feu. Réserver dans un plat.

Dans le même poêlon, faire cuire les oignons et les champignons pendant quelques minutes avec le reste de l'huile. Ajouter le vin blanc, amener à ébullition, puis baisser le feu.

Dans un petit bol, délayer la fécule dans une petite partie du lait, puis ajouter le reste du lait. Verser dans le poêlon et amener à ébullition.

Retirer du feu et ajouter la crème sure, la moutarde, le persil, le sel et le poivre. Remettre la viande dans la sauce et maintenir au chaud dans le four à 150 °C (300 °F) jusqu'au moment de servir.

Le bœuf procure de l'énergie en fournissant une bonne dose de fer.

Pot-au-feu de côtes croisées

*Laissez-vous transporter dans l'ambiance chaleureuse
de la cuisine de grand-mère !*

Ingrédients	
1	**Rôti de côtes croisées dégraissé d'environ 1,5 kg (3 lb)**
1	**Feuille de laurier**
3,75 ml (¾ c. à thé)	**Sel**
5	**Grains de poivre noir**
1 pincée	**Thym séché**
4 gousses	**Ail**
2	**Oignons**
3	**Clous de girofle**
4	**Carottes coupées en morceaux de 2 cm (¾ de pouce) d'épaisseur**
4 branches	**Céleri coupé en morceaux de 2 cm (¾ de pouce) d'épaisseur**
1 kg (2,2 lb)	**Pommes de terre coupées en morceaux de 2 cm (¾ de pouce) d'épaisseur**
¼	**Chou**

10 portions

Placer le bœuf dans une marmite et le couvrir d'eau froide.

Ajouter la feuille de laurier, le sel, le poivre, le thym, les gousses d'ail entières et les oignons piqués avec les clous de girofle. Couvrir. Amener à ébullition, puis laisser mijoter à feu doux pendant une heure et demie.

Ajouter les légumes et laisser mijoter encore 30 minutes.

Riche en caroténoïdes, la carotte joue un rôle dans la prévention de certains cancers.

Bœuf bourguignon

Faites-le en grande quantité, il est encore meilleur réchauffé !

Ingrédients

30 ml (2 c. à soupe)	Huile d'olive extra-vierge
800 g (1 ¾ lb)	Cubes de bœuf à ragoût
310 ml (1 ¼ tasse)	Vin rouge
227 g (1 casseau)	Champignons blancs en tranches
1 boîte	Oignons bouillis (pas dans le vinaigre)
100 g (3,5 oz)	Jambon fumé maigre en cubes
2,5 ml (½ c. à thé)	Sel
1 pincée	Thym
1	Feuille de laurier
4 gousses	Ail haché
30 ml (2 c. à soupe)	Fécule de maïs
30 ml (2 c. à soupe)	Eau

6 portions

Dans un poêlon à fond épais, faire chauffer 1 cuillère à soupe d'huile et saisir les cubes de bœuf.

Transférer les cubes de viande dans une casserole. Déglacer le poêlon avec le vin rouge. Verser sur les cubes.

Faire sauter à feu vif les champignons, les oignons égouttés et le jambon dans le reste de l'huile. Ajouter à la viande.

Ajouter le sel, le thym, la feuille de laurier et l'ail. Arroser d'eau suffisamment pour recouvrir la viande.

Porter à ébullition à feu moyen, puis baisser le feu. Laisser mijoter à feu doux pendant 1 heure 15 minutes ou jusqu'à ce que la viande se coupe à la fourchette.

À la fin de la cuisson, délayer la fécule de maïs dans l'eau et l'ajouter à la recette pour épaissir le bouillon.

Bonne source de zinc, le boeuf peut aider à prévenir la dégénérescence maculaire.

Souvlaki

Barbecue à la grecque.

Ingrédients

20 ml (4 c. à thé)	Huile d'olive extra-vierge
5 ml (1 c. à thé)	Cari en poudre
1	Citron pressé
4 gousses	Ail
15 ml (1 c. à soupe)	Origan frais haché
15 ml (1 c. à soupe)	Persil frais haché
15 ml (1 c. à soupe)	Moutarde de Dijon
7,5 ml (½ c. à soupe)	Sel
5 ml (1 c. à thé)	Poivre blanc
600 g (1 ⅓ lb)	Cubes de longe de porc

4 portions

Mélanger tous les ingrédients de la marinade. Ajouter à la viande. Mélanger pour que la viande soit bien recouverte de la marinade.

Réfrigérer au moins 4 heures avant de faire cuire.

Si vous utilisez des tiges de bambou (style souvlaki), faites les tremper dans l'eau quelques heures avant de les utiliser pour éviter qu'elles ne brûlent lors de la cuisson.

Monter les brochettes avec les cubes de viande. Préchauffer le barbecue.

Griller les brochettes à haute température environ 4 minutes de chaque côté. Déposer les brochettes sur la grille du dessus, puis baisser le feu à minimum. Fermer le couvercle. Cuire pendant 20 minutes ou jusqu'à obtention de la cuisson désirée.

Il est également possible de faire cuire les brochettes au four. Placer les brochettes sur une plaque munie d'une grille. Faire griller à « broil » environ 4 minutes. Retourner les brochettes et griller encore 4 minutes.

Poursuivre la cuisson au four à 175 °C (350 °F) pendant environ 20 minutes.

L'ail est un aliment qui aide à prévenir les maladies reliées au vieillissement.

Filet de porc
au poivre vert

Sans prétention mais toujours savoureux.

Ingrédients

2,5 ml (½ c. à thé)	Huile
300 g (10 oz)	Filet de porc
1 pincée	Sel
100 ml	Bouillon de poulet maison (voir recette p. 162)
30 ml (2 c. à soupe)	Sauce Tamari
5 ml (1 c. à thé)	Poivre vert en saumure
10 ml (2 c. à thé)	Fécule de maïs
250 ml (1 tasse)	Lait évaporé sans gras
5 ml (1 c. à thé)	Brandy (facultatif)

2 portions

Dans un poêlon, faire chauffer l'huile à feu moyen et saisir le filet de porc entier 3 minutes de chaque côté.

Placer le filet sur une plaque munie d'une grille, saler de chaque côté, puis faire cuire au four préchauffé à 160 °C (325 °F) pendant 40 minutes.

Dans le même poêlon (ne pas le nettoyer), mettre le bouillon de poulet, la sauce Tamari et le poivre vert. Amener à ébullition et laisser mijoter pendant 5 minutes.

Délayer la fécule de maïs dans une petite partie du lait évaporé, puis ajouter le reste du lait.

Verser la fécule diluée dans le poêlon et amener à ébullition. Retirer du feu. Ajouter le brandy, si désiré. Réserver.

Laisser reposer le filet de porc cuit sur le comptoir pendant 5 minutes.

Couper en médaillons et napper de sauce.

Cuire le filet de porc entier permet d'obtenir une viande tendre et juteuse.

Riche en zinc, le porc aide à prévenir la dégénérescence maculaire.

Cari de porc
au gingembre et aux fruits

Une spécialité créole exquise...

Ingrédients

1 kg (2,2 lb)	Épaule ou côtes secondes de porc
45 ml (3 c. à soupe)	Cari en poudre
15 ml (1 c. à soupe)	Huile d'olive
2	Oignons moyens émincés
100 ml	Vin blanc
3 gousses	Ail haché
2	Pommes coupées en morceaux
75 ml (1/3 tasse)	Raisins secs
30 ml (2 c. à soupe)	Gingembre râpé
2,5 ml (½ c. à thé)	Sel
125 ml (½ tasse)	Jus d'orange sans sucre ajouté
15 ml (1 c. à soupe)	Fécule de maïs
15 ml (1 c. à soupe)	Eau
175 ml (¾ tasse)	Yogourt nature sans gras
1	Banane
½	Citron pressé

8 portions

Couper le porc en morceaux. Enlever le gras.

Rouler les morceaux de porc dans la poudre de cari. Faire revenir la viande dans un poêlon 10 minutes avec l'huile. Déposer dans une cocotte (style Le Creuset).

Faire sauter les oignons dans le même poêlon. Déglacer au vin blanc. Ajouter à la viande.

Ajouter ensuite l'ail, les pommes, les raisins, le gingembre, le sel et le jus d'orange.

Couvrir et déposer au four à 160 °C (325 °F) pendant 2 heures ou jusqu'à ce que la viande se coupe à la fourchette.

Sortir le plat du four et retirer le couvercle.

Délayer la fécule de maïs dans l'eau et l'ajouter au porc en remuant.

Incorporer le yogourt en remuant.

Au moment de servir, garnir de tranches de bananes et arroser la viande avec le jus de citron.

Le gingembre aide à réduire les nausées de grossesse.

Rôti de porc glacé aux pommes
et sauce parfumée à l'anis

Une viande maigre arômatisée d'un doux parfum.

Ingrédients

900 g (2 lb)	Longe de porc dégraissée
15 ml (1 c. à soupe)	Huile d'olive extra-vierge
3	Pommes Cortland
2 gousses	Ail haché
1,25 ml (½ c. à thé)	Graines d'anis
125 ml (½ tasse)	Jus de pomme artisanal
30 ml (2 c. à soupe)	Moutarde de Dijon
	Sel et poivre

Sauce

250 ml (1 tasse)	Jus de pomme artisanal
125 ml (½ tasse)	Fond brun (voir recette p. 174)
	Le reste de la compote
1,25 ml (½ c. à thé)	Sel
15 ml (1 c. à soupe)	Fécule de maïs
15 ml (1 c. à soupe)	Eau

6 portions

Saisir le rôti de tous les côtés dans un poêlon bien chaud. Déposer sur une plaque munie d'une grille. Saler, poivrer, puis réserver.

Placer les pommes pelées et coupées grossièrement dans une casserole. Ajouter l'ail, les graines d'anis et le jus de pomme. Faire cuire à feu moyen avec le couvercle pendant quelques minutes pour en faire une compote. Lorsque la compote est bien lisse, ajouter la moutarde et mélanger délicatement. Réserver la moitié de la compote pour la sauce.

À l'aide d'une spatule, masquer le rôti avec la moitié de la compote. Mettre au four à 150 °C (300 °F) pendant 2 heures et demie.

Pour concocter la sauce, amener le jus de pomme et le fond brun à ébullition. Ajouter le reste de la compote et le sel. Baisser le feu et laisser mijoter pendant 15 minutes.

Délayer la fécule de maïs dans l'eau et ajouter à la sauce.

Servir le rôti de porc tranché accompagné d'un filet de sauce.

Riches en flavonoïdes, les pommes sont efficaces dans la lutte contre certains cancers.

Satay de poulet sauce aux arachides

Une aventure gustative savamment épicée !

Marinade

600 g (1 ¹/₃ lb)	**Suprêmes de poulet frais**
1	**Petit oignon**
4 gousses	**Ail**
30 ml (2 c. à soupe)	**Gingembre frais râpé**
2,5 ml (½ c. à thé)	**Curcuma**
5 ml (1 c. à thé)	**Coriandre**
2,5 ml (½ c. à thé)	**Cumin**
2,5 ml (½ c. à thé)	**Graines de fenouil**
5 ml (1 c. à thé)	**Sel**
15 ml (1 c. à soupe)	**Fructose**
30 ml (2 c. à soupe)	**Sauce Worcestershire**
75 ml (¹/₃ de tasse)	**Jus d'orange**

Sauce

250 ml (1 tasse)	**Arachides**
5 ml (1 c. à thé)	**Piment de Cayenne**
1	**Petit oignon haché**
2 gousses	**Ail haché**
30 ml (2 c. à soupe)	**Gingembre frais râpé**
175 ml (¾ de tasse)	**Jus d'orange**
30 ml (2 c. à soupe)	**Sauce Worcestershire**
15 ml (1 c. à soupe)	**Fructose**
	Sel au goût

4 portions

Tailler des languettes de 1,5 cm (½ pouce) sur la longueur des suprêmes de poulet. Passer tous les ingrédients de la marinade au mélangeur et laisser mariner la viande pendant 4 heures.

Pour préparer la sauce, broyer les arachides au robot culinaire puis ajouter les autres ingrédients. Bien mélanger. Chauffer le tout dans une petite casserole à feu moyen pendant quelques minutes seulement.

Enfiler les languettes de viande sur des tiges de bambou de 15 cm (6 pouces). Mettre une languette par tige. Faire griller les petites brochettes environ 4 minutes de chaque côté.

Servir les brochettes avec un filet de sauce.

Pour obtenir une sauce moins piquante, réduire la quantité de piment de Cayenne.

Riche en gras monoinsaturés, l'arachide peut aider à réduire les risques de maladies cardiovasculaires.

Waterzooï

Mais qu'est-ce que c'est ? Du poulet à saveur belge !

Ingrédients

4 (150 g / 5 oz chacun)	Suprêmes de volaille
500 ml (2 tasses)	Bouillon de poulet maison non salé (voir recette p. 162)
1	Feuille de laurier
1 branche	Céleri émincée
2,5 ml (½ c. à thé)	Sel
	Poivre blanc au goût
4	Carottes coupées en juliennes
2	Poireaux coupés en juliennes
250 ml (1 tasse)	Lait évaporé sans gras
45 ml (3 c. à soupe)	Fécule de maïs
1	Oeuf battu

4 portions

Placer les suprêmes de volaille avec le bouillon, la feuille de laurier, le céleri, le sel et le poivre dans une casserole.

Couvrir et cuire à feu moyen environ 25 minutes ou jusqu'à ce que le poulet soit cuit.

Ajouter les légumes. Laisser mijoter à découvert 10 minutes.

Délayer la fécule de maïs dans une petite partie du lait évaporé. Ajouter le reste du lait et l'œuf battu. Verser dans la casserole et amener le tout à ébullition en remuant délicatement.

Le poulet a une teneur très élevée en vitamines du groupe B qui contribuent à fournir de l'énergie.

Boulettes de dindon
aux champignons Portobello

De divines boulettes à déguster sur barbecue ou en légumes farcis.

Ingrédients

200 g (7 oz)	**Champignons Portobello (3 champignons moyens ou 2 gros)**
2 gousses	**Ail**
165 ml (²/₃ tasse)	**Flocons d'avoine**
600 g (1 ¹/₃ lb)	**Dindon haché**
15 ml (1 c. à soupe)	**Moutarde de Dijon**
2,5 ml (½ c. à thé)	**Origan séché**
Une pincée	**Sel**
	Poivre au goût
5 ml (1 c. à thé)	**Huile d'olive extra-vierge**

4 portions

Hacher très finement les champignons et l'ail, et placer dans un grand bol.

Broyer les flocons d'avoine à l'aide d'un robot. Utiliser un moulin à café pour obtenir une meilleure mouture.

Dans un grand bol, assembler tous les ingrédients, à l'exception de l'huile. Bien mélanger avec les mains.

Laisser reposer la préparation au moins 1 heure au réfrigérateur. Façonner quatre boulettes, puis badigeonner légèrement la surface des boulettes avec l'huile d'olive.

Ces boulettes sont excellentes cuites à chaleur moyenne sur un barbecue préchauffé.

Vous pouvez également utiliser cette préparation pour farcir des poivrons, des tomates ou des courgettes.

Étonnez vos invités en remplaçant le dindon par d'autres viandes maigres comme le gibier ou le bœuf extra-maigre.

Riche en fibres solubles, l'avoine aide à atteindre la satiété.

Poulet grillé
sauce à l'orange et à la coriandre

Enchantez en un clin d'œil vos convives les plus raffinés !

Ingrédients

2,5 ml (½ c. à thé)	Cumin en poudre
2,5 ml (½ c. à thé)	Cari en poudre
2,5 ml (½ c. à thé)	Thym en poudre
2,5 ml (½ c. à thé)	Paprika
2,5 ml (½ c. à thé)	Poivre blanc
2,5 ml (½ c. à thé)	Sel
2 (150 g / 5 oz chacun)	Suprêmes de poulet frais

Sauce

15 ml (1 c. à soupe)	Fructose
30 ml (2 c. à soupe)	Sauce Tamari
3 ou 4	Oranges à jus pressées (250 ml de jus)
15 ml (1 c. à soupe)	Fécule de maïs
15 ml (1 c. à soupe)	Eau
15 ml (1 c. à soupe)	Coriandre fraîche hachée

2 portions

Mélanger les épices et les assaisonnements du poulet.

Enrober complètement les suprêmes de poulet.

Préchauffer le barbecue à feu élevé et placer les suprêmes de poulet sur la grille du haut.

Fermer le couvercle du barbecue et laisser cuire pendant 7 minutes. Baisser à feu doux, retourner le poulet et poursuivre la cuisson pendant 25 minutes.

Pendant ce temps, dans une casserole, mélanger le fructose, la sauce Tamari et le jus d'orange. Faire mijoter pendant 10 minutes. Délayer la fécule de maïs dans l'eau. Ajouter à la sauce. Amener à ébullition en remuant constamment.

Retirer du feu. Ajouter la coriandre fraîche et bien mélanger. Servir les suprêmes nappés de sauce.

L'acide citrique présent dans l'orange contribue à prévenir la formation de calculs rénaux.

Brochettes de poulet
au romarin et au citron

Une recette de barbecue simple, délicieuse et santé!

Marinade	
2 branches	Romarin frais hachées
	Le zeste d'un citron
2 gousses	Ail haché
	Le jus d'un citron
30 ml (2 c. à soupe)	Moutarde de Dijon
20 ml (4 c. à thé)	Huile d'olive
2 pincées	Poivre blanc
2,5 ml (½ c. à thé)	Sel
600 g (1 ⅓ lb)	Poitrines de poulet désossées et sans peau

4 portions

Mélanger tous les ingrédients de la marinade.

Couper les poitrines de poulet en cubes. Recouvrir de la marinade et laisser mariner au moins 2 heures au réfrigérateur.

Enfiler les cubes de poulet sur les brochettes. Préchauffer le barbecue.

Faire griller les brochettes à feu vif environ 4 minutes de chaque côté. Ensuite, cuire à feu doux sur la grille du dessus, le couvercle du barbecue fermé, pendant environ 20 minutes.

Pour une cuisson au four, placer les brochettes sur une plaque munie d'une grille, puis les faire griller à « broil » environ 4 minutes de chaque côté. Terminer la cuisson à 175 °C (350 °F) pendant environ 20 minutes.

Riche en vitamine C, le citron favorise l'absorption du fer.

Poivrons farcis au riz sauvage

Épatez la galerie sans effort !

Ingrédients

125 ml (½ tasse)	Riz sauvage (grains longs)
250 ml (1 tasse)	Eau
3	Poivrons rouges

Farce

325 ml (1 ⅓ tasse)	Champignons
1	Oignon
227 g (½ lb)	Dindon ou veau haché
30 ml (2 c. à soupe)	Persil frais haché
2 pincées	Piment de Cayenne
2,5 ml (½ c. à thé)	Thym
2,5 ml (½ c. à thé)	Cumin
2,5 ml (½ c. à thé)	Sel

Sauce

165 ml (⅔ tasse)	Sauce tomate (voir recette p. 172)
165 ml (⅔ tasse)	Fond brun (voir recette p. 174)
15 ml (1 c. à soupe)	Fécule de maïs
15 ml (1 c. à soupe)	Eau
15 ml (1 c. à soupe)	Persil frais haché

3 portions

Dans une casserole, amener le riz et l'eau à ébullition. Couvrir et faire cuire pendant 1 heure. Égoutter le riz et réserver.

Hacher les champignons et l'oignon.

Mélanger tous les ingrédients de la farce avec le riz cuit.

Couper les poivrons en 2 sur la longueur et les épépiner.

Farcir les moitiés de poivron, puis les disposer dans un plat allant au four.

Cuire pendant 1 heure à 160 °C (325 °F).

Pour faire la sauce, amener la sauce tomate et le fond brun à ébullition dans une petite casserole.

Délayer la fécule dans l'eau et ajouter à la préparation.

Au moment de servir, napper les poivrons de sauce et décorer de persil haché.

Grâce à sa forte teneur en glucides complexes, le riz sauvage donne de l'énergie sur une longue période.

Poulet chasseur

Ce plat classique de poulet vous attirera tous les compliments !

Ingrédients

600 g (1 ¹/₃ lb)	**Poitrines de poulet désossées sans peau**
	Sel et poivre blanc au goût
20 ml (4 c. à thé)	**Huile d'olive**
125 ml (½ tasse)	**Vin blanc**
227 g (1 casseau)	**Champignons blancs**
2	**Oignons**
1 branche	**Céleri**
1	**Carotte**
6 gousses	**Ail haché**
500 ml (2 tasses)	**Sauce tomate (voir recette p. 172)**
1	**Feuille de laurier**
1 branche	**Romarin**

4 portions

Assaisonner les poitrines de poulet de sel et de poivre, puis les faire sauter dans un poêlon avec la moitié de l'huile environ 2 minutes de chaque côté.

Déposer les poitrines dans un plat allant au four. Réserver.

Déglacer le poêlon au vin blanc, puis verser sur le poulet.

Couper les légumes et les faire sauter à feu vif dans le poêlon avec le reste de l'huile pendant environ 10 minutes en remuant légèrement. Ajouter la sauce tomate et les herbes, puis verser sur le poulet.

Faire cuire au four à 175 °C (350 °F) pendant 40 minutes.

Combiner la tomate et l'huile dans votre alimentation facilite l'absorption du lycopène, un antioxydant très puissant.

Lapin à la moutarde
et à l'estragon

Rien de tel qu'un plat mijoté pour un repas convivial.

Ingrédients

15 ml (1 c. à soupe)	**Huile d'olive extra-vierge**
1	**Lapin en morceaux (ou 4 cuisses)**
2	**Oignons moyens**
200 ml	**Vin blanc**
625 ml (2 ½ tasses)	**Eau**
1	**Feuille de laurier**
1,25 ml (¼ c. à thé)	**Poivre blanc**
2,5 ml (½ c. à thé)	**Sel**
45 ml (3 c. à soupe)	**Moutarde de Dijon**
30 ml (2 c. à soupe)	**Farine**
30 ml (2 c. à soupe)	**Estragon frais haché**

4 portions

Dans une casserole, faire chauffer l'huile à feu moyen et saisir les morceaux de lapin jusqu'à ce qu'ils soient légèrement colorés. Ajouter l'oignon et le vin blanc. Laisser mijoter 5 minutes.

Ajouter l'eau, la feuille de laurier, le poivre et le sel. Couvrir et laisser mijoter à feu doux de 1 heure et demie à 2 heures ou jusqu'à ce que la viande se détache facilement des os.

Une fois la cuisson terminée, retirer les morceaux de lapin de la casserole et réserver.

Mélanger la moutarde et la farine, puis l'incorporer à la sauce. Amener à ébullition en brassant à l'aide d'un fouet. Ajouter l'estragon. Bien mélanger, puis remettre le lapin dans la sauce.

Faible en matières grasses, le lapin entre dans le cadre d'une alimentation saine.

Rôti de chevreuil mariné
à la *Raffaele*

Ce rôti fera la fierté des chasseurs...et des autres !

Marinade

500 ml (2 tasses)	Vin rouge
2	Carottes coupées en dés
1 branche	Céleri coupée en dés
1	Oignon haché
2 gousses	Ail haché
2	Clous de girofle
8	Baies de genièvre
1 pincée	Muscade
1 pincée	Cannelle
10 grains	Poivre noir

Rôti

15 ml (1 c. à soupe)	Huile d'olive extra-vierge
900 g (2 lb)	1 rôti de chevreuil ou de cerf rouge dans la fesse
5 ml (1 c. à thé)	Fécule de maïs
30 ml (2 c. à soupe)	Eau froide

6 portions

Dans un bol, mélanger tous les ingrédients de la marinade.

Verser sur le rôti et laisser mariner au réfrigérateur de 4 à 12 heures. Retourner la viande une ou deux fois.

Retirer la viande de la marinade et égoutter. Conserver la marinade.

Préchauffer le four à 160 °C (325 °F).

Dans une casserole à fond épais enduite d'huile d'olive, saisir le rôti pour le colorer.

Déposer le rôti sur une grille et cuire au four environ 1 heure ou jusqu'à ce que la température interne atteigne 60 °C (140 °F) pour une cuisson médium.

Après la cuisson, laisser reposer le rôti au moins 10 minutes avant de le trancher.

Dans une casserole, porter la marinade à ébullition. Laisser mijoter jusqu'à ce qu'elle soit réduite de moitié.

Délayer la fécule de maïs dans l'eau et incorporer à la marinade en remuant.

Passer la marinade au mélangeur jusqu'à l'obtention d'une sauce onctueuse. Tamiser.

Servir les tranches de rôti arrosées de la marinade.

Riche en fer, le cerf aide à prévenir les risques d'anémie.

Suprêmes de pintade
à la choucroute

Un mets original facile à concocter !

Ingrédients

4 (170 g)	Suprêmes de pintade 6 oz chacun
	Sel et poivre blanc
15 ml (1 c. à soupe)	Huile d'olive extra-vierge
150 ml	Vin blanc
2	Oignons émincés
100 g (3,5 oz)	Jambon fumé maigre coupé en dés
1 boîte (850 ml) 28 oz	Choucroute au vin (pas au vinaigre !)
1	Feuille de laurier
6	Baies de genièvre

6 portions

Saler et poivrer la viande. Chauffer un poêlon à fond épais, ajouter l'huile et saisir les suprêmes de pintade (2 minutes de chaque côté).

Transférer la pintade dans une cocotte de style Le Creuset et réserver.

Déglacer le poêlon avec le vin blanc. Verser sur les suprêmes.

Faire sauter l'oignon à feu vif avec le jambon et ajouter aux suprêmes.

Étaler la choucroute par-dessus le tout, puis ajouter la feuille de laurier et les baies de genièvre écrasées.

Couvrir et cuire au four à 175 °C (350 °F) pendant 40 minutes.

Le chou contribue à prévenir certaines formes de cancer, notamment le cancer du poumon et celui de l'appareil digestif.

Noisettes de veau à la persillade
et fondue d'oignons

Un plat santé au goût riche... laissez-vous tenter !

Ingrédients

2 gouttes	Huile d'olive extra-vierge
300 g (2 morceaux de 150 g / 5 oz)	Longe ou filet de veau (le gras enlevé)
5 ml (1 c. à thé)	Moutarde de Dijon
1	Petit oignon haché finement
45 ml (3 c. à soupe)	Eau
15 ml (1 c. à soupe)	Vinaigre de cidre
1 pincée	Sel
1 pincée	Poivre blanc
75 ml (1/3 de tasse)	Lait évaporé sans gras

Persillade

30 ml (2 c. à soupe)	Persil frais haché
30 ml (2 c. à soupe)	Basilic frais haché
2 gousses	Ail haché finement
30 ml (2 c. à soupe)	Chapelure de pain intégral
1 pincée	Sel
30 ml (2 c. à soupe)	Huile d'olive extra-vierge

2 portions

Mélanger tous les ingrédients de la persillade et réserver.

Chauffer un poêlon antiadhésif, ajouter les deux gouttes d'huile, puis saisir les morceaux de veau 2 minutes de chaque côté.

Mettre la viande sur une plaque munie d'une grille. Badigeonner légèrement avec une partie de la moutarde. Couvrir uniformément avec la persillade.

Cuire au four 20 minutes à 160 °C (325 °F).

Dans le même poêlon, faire blondir l'oignon.

Déglacer avec l'eau et le vinaigre. Faire mijoter pendant 2 minutes. Ajouter le lait évaporé et le reste de la moutarde. Faire mijoter encore pendant 1 minute.

Garnir le fond de l'assiette avec la tombée d'oignons, puis y déposer la noisette de veau.

L'oignon contribue au maintien de la santé du système gastro-intestinal.

Paupiettes de foie de veau
et de jambon à la duxelles

*Une façon toute sympathique de vous redonner
goût pour cet aliment souvent mal aimé !*

Ingrédients

227 g (1 casseau)	Champignons blancs
1	Oignon
2 pincées	Sel
2,5 ml (½ c. à thé)	Fécule de maïs
2,5 ml (½ c. à thé)	Eau
120 g (4 oz)	Jambon maigre en tranches minces
450 g (1 lb)	Foie de veau en tranches minces
1,25 ml (¼ c. à thé)	Sel
30 ml (2 c. à soupe)	Farine
5 ml (1 c. à thé)	Huile d'olive extra-vierge
1	Oignon moyen haché
100 ml	Vin blanc
100 ml	Eau
15 ml (1 c. à soupe)	Persil frais haché

4 portions

Duxelles

Hacher les champignons et l'oignon très finement, puis les déposer dans une casserole antiadhésive avec le sel.

Cuire à feu moyen en remuant avec une cuillère de bois. Poursuivre la cuisson jusqu'à ce que toute l'eau de végétation se soit évaporée.

Délayer la fécule de maïs dans l'eau. Ajouter à la préparation.

Bien mélanger, retirer du feu et réserver.

Paupiettes

Déposer une tranche de jambon sur une tranche de foie de veau. Mettre une petite quantité de duxelles sur la viande. Saler légèrement, puis rouler dans la farine. Faire un petit rouleau sur le sens de la largeur. On peut maintenir la paupiette en place à l'aide de 3 cure-dents afin de tailler le rouleau en trois. Faire de même pour toute la quantité de foie et de jambon.

Déposer les paupiettes dans un poêlon antiadhésif avec l'huile. Cuire à feu moyen 3 minutes de chaque côté.

Transférer les paupiettes dans un plat allant au four. Une fois les paupiettes bien disposées, retirer les cure-dents. Réserver.

Faire sauter l'oignon. Ajouter une pincée de sel, le vin blanc et l'eau. Amener à ébullition et laisser réduire de moitié.

Ajouter le persil. Verser la sauce sur les paupiettes.

Cuire au four à 175 °C (350 °F) pendant 35 minutes.

On peut également préparer des paupiettes en remplaçant le foie par de fines escalopes de veau.

Riche en vitamine A, le foie aide à combattre certaines infections.

Escalopes de veau
à la milanaise

Un plat pané...à la manière italienne !

Ingrédients

600 g (1 ⅓ lb)	Escalopes de veau (dans la cuisse)
2 tranches	Pain intégral grillées
4 gousses	Ail haché
4 pincées	Muscade
60 ml (4 c. à soupe)	Parmesan râpé
	Sel et poivre du moulin
1	Blanc d'œuf battu légèrement

Sauce

100 ml	Vin blanc
200 ml	Fond brun (voir recette p. 174)
45 ml (3 c. à soupe)	Sauce tomate (voir recette p. 172)
30 ml (2 c. à soupe)	Persil frais haché
	Sel

4 portions

Aplatir les escalopes : déposer l'escalope entre deux feuilles de papier ciré et la frapper avec un marteau de boucher ou le fond plat d'une casserole.

Réduire les tranches de pain grillées en chapelure. Ajouter l'ail, la muscade et le fromage râpé.

Bien mélanger.

Saler et poivrer les escalopes. Les tremper dans le blanc d'œuf d'abord, puis dans la chapelure. Déposer les escalopes sur une plaque recouverte de papier parchemin.

Faire cuire 7 minutes dans le four préchauffé à 260 °C (500 °F).

Pour concocter la sauce, amener le vin à ébullition dans une petite casserole, ajouter le fond brun et la sauce tomate et laisser réduire pendant 5 minutes. Garnir de persil, puis saler au goût.

Servir les escalopes nappées de sauce.

Le pain intégral est une excellente source de manganèse qui prévient les dommages causés par les radicaux libres.

Kebabs aux épices marocaines

Envie d'exotisme ? Ne cherchez plus !

Ingrédients

600 g (1 ¹/₃ lb)	Cubes d'agneau (dans le gigot ou la longe)
15 ml (1 c. à soupe)	Cannelle moulue
15 ml (1 c. à soupe)	Cumin moulu
2,5 ml (½ c. à thé)	Clou de girofle moulu
2,5 ml (½ c. à thé)	Graines d'anis
2,5 ml (½ c. à thé)	Laurier en poudre
15 ml (1 c. à soupe)	Sel
15 ml (1 c. à soupe)	Poivre blanc

4 portions

Couper le gigot ou la longe d'agneau en cubes d'environ 2,5 cm (1 pouce).

Bien mélanger toutes les épices et les ajouter à la viande.

Laisser mariner la viande au réfrigérateur de 1 à 4 heures.

Si vous utilisez des tiges de bambou (style souvlaki), les faire tremper dans l'eau quelques heures avant de les utiliser pour éviter qu'elles ne brûlent lors de la cuisson.

Monter les brochettes avec les cubes de viande. Préchauffer le barbecue.

Griller les brochettes à haute température environ 4 minutes de chaque côté. Déposer les brochettes sur la grille du dessus, puis baisser le feu au minimum. Fermer le couvercle. Cuire pendant 20 minutes ou jusqu'à la cuisson désirée.

Il est également possible de faire cuire les brochettes au four. Placer les brochettes sur une plaque munie d'une grille. Faire griller à « broil » environ 4 minutes. Retourner les brochettes et griller encore 4 minutes.

Poursuivre la cuisson au four à 175 °C (350 °F) pendant environ 20 minutes.

Variante : essayez cette recette avec d'autres viandes de votre choix.

La viande ovine assure à l'organisme le maintien du fonctionnement cellulaire et enzymatique grâce aux nutriments qu'elle contient.

Filet de truite arc-en-ciel
à l'antiboise

La truite sous un autre jour.

Ingrédients

150 g (5 oz)	**Filets de truite**
2 pincées	**Sel**
	Poivre du moulin
1	**Tomate**
1	**Échalote hachée**
15 ml (1 c. à soupe)	**Persil frais haché**
15 ml (1 c. à soupe)	**Basilic frais haché**
5 ml (1 c. à thé)	**Huile d'olive extra-vierge**

1 portion

Déposer le filet de truite sur une plaque recouverte d'une feuille de papier parchemin. Saler et poivrer.

Faire griller le poisson au four à « broil » pendant 10 minutes, puis retirer du four.

Préchauffer le four à 150 °C (300 °F).

Épépiner la tomate et la couper en petits cubes. Mettre dans un petit bol.

Ajouter l'échalote, le persil, le basilic et l'huile.

Saler et poivrer, puis verser cette préparation sur le filet de poisson.

Faire cuire au four pendant 5 minutes et servir.

Parce qu'elle est mi-grasse, la truite contribue à prévenir les troubles cardiaques.

Escabèche de bar rayé
et de vivaneau

*Un hors-d'œuvre raffiné à expérimenter
avec vos poissons préférés !*

Ingrédients

600 g (1 ⅓ lb)	**4 filets de poisson écaillés, avec ou sans la peau**
6	**Échalotes françaises**
1	**Carotte**
1	**Poivron rouge**
20 ml (4 c. à thé)	**Huile d'olive extra-vierge**
	Sel
	Poivre du moulin
4 gousses	**Ail haché**
45 ml (3 c. à soupe)	**Vinaigre de xérès**
2,5 ml (½ c. à thé)	**Thym**
1,25 ml (¼ c. à thé)	**Romarin**
1	**Feuille de laurier**
30 ml (2 c. à soupe)	**Persil haché**

4 portions

Couper les filets de poisson en biseaux,
en tranches de 5 cm (2 pouces) d'épaisseur.

Couper les échalotes, la carotte
et le poivron en fines tranches. Réserver.

Dans un poêlon antiadhésif, chauffer l'huile d'olive
à feu moyen et saisir les morceaux de poisson
environ 30 secondes de chaque côté.

Retirer les morceaux de poisson. Réserver dans un plat
de service d'environ 5 cm (2 pouces) de profond.

Saupoudrer d'une pincée de sel et de poivre du moulin.

Dans le même poêlon, faire sauter les échalotes,
la carotte, l'ail et le poivron.
Ajouter une pincée de sel.

Déglacer avec le vinaigre de xérès. Ajouter
les herbes, puis laisser mijoter 5 minutes.

Verser la préparation obtenue sur le poisson.

Réfrigérer 12 à 24 heures avant de servir.

*Connaissez-vous les tapas ? Les tapas sont un assortiment
d'amuse-gueules à l'espagnole. L'escabèche compte
parmi les classiques des tapas. Elle se sert aussi
bien froide que tiède.*

L'échalote contient des antioxydants qui protègent contre certains cancers.

Filet de sole Bonne Femme

Parce que la simplicité a toujours son charme !

Ingrédients

5 ml (1 c. à thé)	Huile d'olive
2	Échalotes hachées
375 ml (1 ½ tasse)	Champignons blancs émincés
100 ml	Vin blanc
4 filets (150 g (5 oz) chacun)	Sole ou autre poisson blanc
165 ml (2/3 tasse)	Lait évaporé sans gras
5 ml (1 c. à thé)	Farine
15 ml (1 c. à soupe)	Moutarde de Dijon
30 ml (2 c. à soupe)	Persil frais haché
	Poivre blanc au goût
	Sel au goût

4 portions

Verser l'huile dans un poêlon. Faire suer les échalotes et les champignons avec une pincée de sel. Ajouter le vin blanc. Amener à ébullition.

Assaisonner les filets de poisson de sel et de poivre blanc. Déposer sur le mélange d'échalotes et de champignons.

Faire cuire 1 minute seulement de chaque côté.

Retirer les filets. Mettre dans un plat allant au four.

Ajouter le lait évaporé au mélange d'échalotes et de champignons. Mijoter 1 minute.

Mélanger la farine et la moutarde. Ajouter à la sauce en brassant à l'aide d'un fouet.

Amener à ébullition.

Retirer du feu, puis ajouter le persil frais haché.

Verser la sauce sur les filets de poisson. Cuire au four pendant 10 minutes à 175 °C (350 °F) ou jusqu'à ce que le poisson soit cuit à point.

Très maigre, la sole contient peu de calories.

Filet de saumon sauté,
sauce à l'aneth et aux épinards

Facile à faire et délicieuse,
cette recette deviendra votre spécialité.

Ingrédients

150 g (1 filet)	Saumon
1 pincée	Sel
1 pincée	Poivre blanc
625 ml (2 ½ tasses)	Bébés épinards
5 ml (1 c. à thé)	Huile d'olive extra-vierge

Sauce

1	Échalote hachée
45 ml (3 c. à soupe)	Vin blanc
45 ml (3 c. à soupe)	Lait évaporé sans gras
5 ml (1 c. à thé)	Moutarde de Dijon
2,5 ml (½ c. à thé)	Fécule de maïs
30 ml (2 c. à soupe)	Aneth frais

1 portion

Déposer le filet de saumon sur une plaque couverte de papier parchemin. Saler et poivrer, puis faire griller au four à « broil » pendant 3 minutes.

Retirer du four et réserver.

Dans un poêlon antiadhésif, faire sauter les épinards dans l'huile. Déposer dans un plat allant au four.

Transférer le saumon sur les épinards. Faire cuire au four à 150 °C (300 °F) pendant 7 minutes.

Sauce

Dans une casserole, amener à ébullition le vin et les échalotes. Laisser mijoter 3 minutes.

Pendant ce temps, mélanger le lait évaporé, la fécule de maïs et la moutarde, puis verser dans la casserole.

Amener à ébullition en remuant constamment, puis retirer du feu. Ajouter l'aneth.

Servir le filet de saumon nappé de sauce.

L'aneth est reconnu pour soulager les flatulences.

Bâtonnets de poisson et de crabe

*Une façon amusante et sans friture
d'apprécier les délices de la mer !*

Poisson

240 g (8,5 oz)	**Filets de poisson blanc cru sans peau**
240 g (8,5 oz)	**Goberge à saveur de crabe (ou de chair de crabe véritable)**
1,25 ml (¼ c. à thé)	**Sel**
1,25 ml (¼ c. à thé)	**Paprika**
1,25 ml (¼ c. à thé)	**Poudre d'ail**
2,5 ml (½ c. à thé)	**Poudre d'oignon**
1 pincée	**Piment de Cayenne**
45 ml (3 c. à soupe)	**Lait évaporé sans gras**

Chapelure

2 tranches	**Pain intégral grillées**
15 ml (1 c. à soupe)	**Persil frais haché**
	Sel et poivre au goût
22 ml (1 ½ c. à soupe)	**Huile d'olive extra-vierge**
1	**Petit œuf**
22 ml (1 ½ c. à soupe)	**Lait écrémé**
15 ml (1 c. à soupe)	**Farine**

4 portions

Couper grossièrement les filets de poisson
et la chair de crabe, puis les hacher au robot culinaire.

Ajouter les assaisonnements et le lait évaporé
et bien mélanger.

Étendre la préparation sur une plaque ou sur une assiette
de façon à obtenir une épaisseur de 1,5 cm (½ pouce).
Réserver au réfrigérateur.

Pour préparer une chapelure bien fine, passer les deux
tranches de pain grillées au robot. Ajouter le persil haché,
le sel et le poivre. Pendant que le robot est toujours
en marche, ajouter l'huile d'olive et mélanger
pendant 1 minute.

Couper la préparation de poisson en 15 bâtonnets.
Battre l'œuf avec le lait écrémé.

Tremper les bâtonnets d'abord dans la farine,
ensuite dans l'œuf, puis dans la chapelure.

Sur une plaque allant au four, préalablement couverte
d'un papier parchemin, déposer les bâtonnets et
les faire cuire au four préchauffé à 190 °C (375 °F)
pendant 35 minutes. Retourner les bâtonnets
à la mi-cuisson.

Servir avec de la sauce tartare.

*Les bâtonnets seront tout aussi délicieux faits
uniquement de poisson blanc (pas de crabe).
Utiliser alors 500 grammes (1 lb) de poisson.*

Le pain intégral est riche en fibres. Celles-ci jouent un rôle primordial dans le fonctionnement des intestins.

Moules trois façons

Vous avez l'embarras du choix !

Frites

Sans huile...c'est tellement meilleur !

Ingrédients

900 g (2 lb)	Moules
1	Oignon
1 branche	Céleri
2 gousses	Ail
45 ml (3 c. à soupe)	Vin blanc
1 pincée	Thym
1	Feuille de laurier
1 pincée	Poivre blanc
2 pincées	Sel

4 portions

Moules marinières

Laver délicatement les moules à l'eau froide et retirer les barbes. Jeter les moules ouvertes, car elles risquent de ne pas être comestibles.

Couper l'oignon et le céleri en fines tranches, puis hacher l'ail.

Déposer tous les ingrédients dans une casserole. Couvrir et cuire à feu vif jusqu'à ce que toutes les moules soient ouvertes. Il suffit de quelques minutes.

Retirer du feu, remuer légèrement et servir.

Moules provençales

Suivre la recette de moules marinières en remplaçant le vin blanc par 25 ml (5 c. à thé) de Pernod, puis ajouter 150 ml (5 oz) de sauce tomate (voir recette p. 172).

Moules à la moutarde

Suivre la recette de moules marinières en ajoutant 150 ml (5 oz) de sauce suprême (voir recette p. 172) et 30 ml (2 c. à soupe) de moutarde de Dijon.

Ingrédients

4	Pommes de terre moyennes coupées en juliennes
2	Blancs d'œufs
15 ml (1 c. à soupe)	Épices Cajun

4 portions

Dans un bol, battre les blancs d'œufs. Ajouter les épices.

Tremper une à une les juliennes de pommes de terre dans les blancs d'œufs. Déposer sur une plaque à biscuits recouverte d'un enduit végétal.

Faire cuire au four à 200 °C (400 °F) 35 à 45 minutes ou jusqu'à ce que les frites soient croustillantes.

Servir avec une mayonnaise santé Minçavi.

Les moules aident à maintenir les os en santé car elles sont riches en phosphore.

Coquilles Saint-Jacques

Faites sensation avec ce classique de la mer !

Ingrédients

125 ml (½ tasse)	Vin blanc
125 ml (½ tasse)	Échalotes hachées
4 gousses	Ail haché
300 g (10 oz)	Pétoncles crus (grosseur 30/40)
30 ml (2 c. à soupe)	Fécule de maïs
385 ml (1 boîte)	Lait évaporé sans gras
1	Oeuf battu
150 g (5 oz)	Crevettes de Matane cuites
150 g (5 oz)	Chair de crabe (ou de goberge à saveur de crabe)
5 ml (1 c. à thé)	Sel
1 pincée	Poivre blanc
30 ml (2 c. à soupe)	Persil frais haché
15 ml (1 c. à soupe)	Estragon haché
240 g (8 oz)	Fromage allégé à 10 % M.G. râpé (pour 6 coquilles)

6 portions

Dans une casserole, porter à ébullition le vin blanc, les échalotes et l'ail.

Ajouter les pétoncles et cuire environ 4 minutes ou jusqu'à ce que les pétoncles blanchissent légèrement. Retirer les pétoncles de la casserole et les réserver.

Dans un bol, mélanger la fécule de maïs avec une petite partie du lait. Ajouter le reste du lait et l'œuf. Bien mélanger. Incorporer ce mélange au vin dans la casserole et porter à ébullition en remuant constamment.

Ajouter les pétoncles cuits, les crevettes et le crabe. Faire mijoter à feu doux pendant 2 minutes.

Retirer du feu, ajouter le sel, le poivre blanc, le persil et l'estragon.

Répartir la préparation dans 6 coquilles et parsemer de fromage râpé.

Préchauffer le gril du four et faire gratiner jusqu'à ce que le fromage soit légèrement coloré.

Cette sauce est aussi excellente servie sur des pâtes ou du riz.

Les pétoncles aident à prévenir une déficience en vitamine B12 qui provoque de la fatigue.

Langoustines grillées à l'ail

Un festin de crustacés pour deux !

Ingrédients

454 g (1 lb)	**Langoustines (pour 2 personnes)**
	Le jus d'un citron
1 tranche	**Pain intégral grillée**
4 gousses	**Ail haché**
	Le zeste d'un citron
30 ml (2 c. à soupe)	**Persil frais haché**
	Sel et poivre
10 ml (2 c. thé)	**Huile d'olive extra-vierge**

2 portions

Faire une incision dans le sens de la longueur des langoustines, les étaler sur une plaque et les arroser du jus de citron.

Au robot culinaire, réduire le pain en chapelure. Ajouter l'ail, le zeste de citron, le persil, le sel et le poivre. Bien mélanger. Ajouter l'huile en filet pendant que le robot tourne.

Répartir le mélange de chapelure sur les langoustines. Griller au four à « broil » pendant environ 7 minutes. Le temps de cuisson peut varier légèrement selon la grosseur des langoustines.

Excellente source de sélénium, la langoustine peut contribuer à prévenir le cancer colorectal.

Crevettes provençales

Un plat relevé pour vous faire voyager !

Ingrédients

1	Oignon émincé
1	Poivron rouge émincé
5 ml (1 c. à thé)	Huile d'olive extra-vierge
4 gousses	Ail haché
125 ml (½ tasse)	Vin blanc
2,5 ml (½ c. à thé)	Graines de fenouil
1 pincée	Piment de Cayenne
2,5 ml (½ c. à thé)	Sel
454 g (1 lb)	Crevettes crues
125 ml (½ tasse)	Fondue de tomates (voir recette p. 116)
30 ml (2 c. à soupe)	Persil
30 ml (2 c. à soupe)	Basilic

3 ou 4 portions

Dans un poêlon, faire sauter dans l'huile, l'oignon et le poivron émincés.

Ajouter l'ail, le vin blanc, les graines de fenouil, le piment de Cayenne et le sel, puis laisser réduire de moitié (environ deux minutes). Ajouter les crevettes.

Lorsque les crevettes sont presque cuites, ajouter la fondue de tomates et poursuivre la cuisson 1 à 2 minutes.

Retirer du feu. Ajouter le persil et le basilic, puis servir.

La crevette est un aliment parfait pour les régimes amaigrissants; elle est riche en protéines et faible en calories.

Pâtes à la carbonara

Et tout à coup... c'est la Dolce Vita !

Ingrédients

227 g (½ lb)	**Jambon capicollo fort**
385 ml (1 boîte)	**Lait évaporé sans gras**
1	**Oeuf**
15 ml (1 c. à soupe)	**Fécule de maïs**
60 g (2 oz)	**Fromage romano râpé**
	Poivre du moulin au goût
6 portions	**Pâtes cuites au choix**

6 portions

Couper le capicollo en petits lardons.

Faire cuire les morceaux de jambon dans un poêlon (sans corps gras) à feu moyen jusqu'à ce qu'ils s'assèchent légèrement.

Dans un bol, mélanger à l'aide d'un fouet le lait évaporé, l'œuf et la fécule de maïs.

Verser le mélange dans le poêlon.
Porter à ébullition en remuant constamment.

Retirer du feu. Ajouter le fromage râpé et le poivre.

Verser la sauce sur les pâtes bien chaudes. Mélanger.

Riche en calcium, le lait évaporé peut aider à prévenir l'ostéoporose.

Sauce Alfredo ou rosée

Deux sauces au goût crémeux et riche...
pourtant bien légères !

Ingrédients

385 ml (1 boîte)	Lait évaporé sans gras
1	Oeuf
15 ml (1 c. à soupe)	Basilic frais haché
2 gousses	Ail haché
15 ml (1 c. à soupe)	Fécule de maïs
2,5 ml (½ c. à thé)	Sel
2,5 ml (½ c. à thé)	Poivre blanc
45 ml (3 c. à soupe)	Parmesan ou romano râpé
6 portions	Pâtes cuites au choix

6 portions

Mettre tous les ingrédients, à l'exception du fromage et des pâtes, dans une casserole. Mélanger à l'aide d'un fouet et porter à ébullition à feu moyen en remuant constamment.

Retirer du feu et ajouter le fromage.

Napper les pâtes de sauce et servir.

Rosée

Fouetter 100 ml (3,5 oz) de fondue de tomates (voir recette p. 116) au robot culinaire et mélanger à la sauce Alfredo.

Napper les pâtes de sauce et servir.

Les pâtes de blé entier favorisent la régularité du transit intestinal.

Coquilles farcies à la ricotta
et aux olives Kalamata

Ces coquilles vous offrent un trésor... gustatif!

Farce

24	**Olives Kalamata**
325 ml (1 ⅓ tasse)	**Fromage ricotta**
5 ml (1 c. à thé)	**Origan frais haché**
30 ml (2 c. à soupe)	**Persil frais haché**
2,5 ml (½ c. à thé)	**Sel**
	Poivre du moulin au goût
16	**Coquilles géantes (pâtes commerciales)**

Sauce

375 ml (1 ½ tasse)	**Sauce tomate (voir recette p. 172)**
60 ml (¼ tasse)	**Vin blanc**

4 portions

Hacher grossièrement les olives.
Mélanger tous les ingrédients de la farce.

Faire cuire les coquilles à l'eau bouillante salée en prenant soin de les garder *al dente*. Égoutter.

Farcir les coquilles. Mélanger la sauce tomate et le vin blanc. Verser dans un grand plat allant au four.

Disposer les coquilles sur la sauce.
Réchauffer au four 160 °C (325 °F) pendant 20 minutes.

Riche en calcium, la ricotta peut minimiser la perte osseuse.

Gnocchis à la romaine

Des pâtes faites à la main !

Ingrédients

250 ml (1 tasse)	Lait écrémé
2 pincées	Sel
1 pincée	Poivre blanc
1 pincée	Muscade
75 ml (¹/₃ tasse)	Semoule de maïs
45 ml (3 c. à soupe)	Parmesan ou romano râpé
250 ml (1 tasse)	Sauce tomate (voir recette p. 172)
15 ml (1 c. à soupe)	Persil frais haché

2 portions

Dans une casserole, amener le lait à ébullition. Ajouter le sel, le poivre et la muscade.

Continuer de mijoter, puis verser la semoule de maïs dans la casserole en remuant constamment à la cuillère de bois.

Retirer du feu lorsque le mélange se décolle des parois (environ 5 minutes).

Ajouter 2 cuillères à soupe de parmesan ou de romano. Étendre aussitôt la préparation sur une feuille de papier ciré de façon à obtenir une épaisseur d'environ 1,5 cm (½ pouce).

Laisser reposer 15 minutes puis tailler les gnocchis en carrés d'environ 2,5 cm (1 pouce).

Chauffer la sauce tomate. Ajouter les gnocchis et le persil.

Déposer dans un plat allant au four et saupoudrer du reste du fromage.

Réchauffer au four pendant 10 minutes à 175 °C (350 °F).

Bonne source d'acide folique, la semoule de maïs aide à réduire les risques de malformations du tube neural chez le fœtus.

Tarte à la ricotta et fondue de tomates

Tarte-repas à l'italienne.

Fondue de tomates

796 ml (28 oz)	Tomates italiennes entières, en conserve
1	Oignon moyen en tranches
1 branche	Basilic frais
2,5 ml (½ c. à thé)	Origan frais haché
1 pincée	Sel
5 ml (1 c. à thé)	Fécule de maïs
5 ml (1 c. à thé)	Eau

Tarte

500 ml (2 tasses)	Fromage ricotta 7 %
30 ml (2 c. à soupe)	Persil frais haché
2 gousses	Ail haché
15 ml (1 c. à soupe)	Fécule de maïs
1,25 ml (¼ c. à thé)	Sel
1 pincée	Poivre blanc
375 ml (1 ½ tasse)	Fondue de tomates
1	Abaisse de pâte à tarte non cuite (voir recette p. 166)

6 portions

Fondue de tomates

Mettre les tomates dans une casserole avec l'oignon en tranches, la branche de basilic, l'origan et le sel. Faire mijoter à feu doux pendant une heure.

Délayer la fécule de maïs dans l'eau et l'ajouter à la fondue.

Amener à ébullition puis retirer du feu. Réserver.

Tarte

Mélanger la ricotta avec le persil, l'ail, la fécule de maïs, le sel et le poivre blanc dans un grand bol.

Ajouter la moitié de la fondue de tomates. Mélanger à peine.

Étaler la préparation dans l'abaisse de tarte. Couvrir avec le reste de la fondue de tomates.

Placer au four préchauffé à 175 °C (350 °F) pendant 15 minutes. Baisser le feu à 150 °C (300 °F) et poursuivre la cuisson pendant 30 minutes.

Le lycopène retrouvé dans la tomate pourrait contribuer à la prévention de certains cancers, notamment celui de la prostate.

Crêpes grillées farcies
au fromage de chèvre et jambon

Au brunch ou au lunch, vous ferez fureur !

Crêpes

175 ml (¾ tasse)	Farine d'épeautre
1 pincée	Sel
2	Oeufs
5 ml (1 c. à thé)	Huile de canola
75 ml (¹/₃ tasse)	Lait écrémé

Garniture

120 g (4 oz)	Fromage de chèvre
120 g (4 oz)	Jambon tranché
	Fondue de tomates au goût (voir recette p. 116)

4 portions

Tamiser la farine, ajouter le sel et faire un nid. À l'aide d'un fouet, mélanger les œufs, l'huile et le lait. Incorporer à la farine et bien mélanger.

Faire des crêpes dans un poêlon antiadhésif enduit d'une mince couche d'huile.

Masquer de fromage de chèvre, couvrir d'une tranche de jambon et 1 cuillerée à soupe de fondue de tomates.

Plier les crêpes en carré ou en portefeuille et déposer sur une plaque. Réchauffer les crêpes au four à « broil » pendant environ 7 minutes et garder au chaud jusqu'au moment de servir.

Note : préparer l'appareil à crêpes la veille ou au moins 1 heure avant la cuisson.

Par son fort taux de magnésium, l'épeautre est classé comme un aliment antistress.

Tiramisu - 122

Mousse au chocolat - 124

Gâteau au fromage style New York - 126

Bavarois aux bananes et aux marrons - 128

Tarte aux raisins à la marmelade - 130

Sorbet à la mangue ou au cantaloup - 132

Galettes - 134

Charlotte aux fruits des champs - 136

Tarte aux pommes caramélisées sauce caramel - 138

Crème caramel - 140

Gâteau fondant au chocolat - 142

{ *Desserts* }

Tiramisu

Quand les papilles voyagent au 7ᵉ ciel !

Ingrédients

200 ml	Lait évaporé sans gras
1	Jaune d'œuf
45 ml (3 c. à soupe)	Fructose
2,5 ml (½ c. à thé)	Extrait de vanille
10 ml (2 c. à thé)	Fécule de maïs
1 sachet	Gélatine
50 ml (10 c. à thé)	Eau
200 ml	Fromage frais à 0,1 % M.G. (Damablanc)
12	Biscuits « doigts de dame » (les meilleurs sont les Viçenzovo de Vicenzi)
1	Café expresso
5 ml (1 c. à thé)	Poudre de cacao

4 portions

Dans une casserole, mélanger à l'aide d'un fouet le lait évaporé, le jaune d'œuf, le fructose, la vanille et la fécule de maïs.

Saupoudrer la gélatine sur l'eau et attendre 2 minutes. Ajouter cette gélatine dans la casserole. Amener à ébullition.

Lorsque les bouillons se forment, retirer immédiatement du feu. Ajouter le fromage. Bien mélanger.

Réfrigérer la préparation au moins 4 heures.

Pendant ce temps, chemiser un moule de 10 cm x 20 cm (4 po x 8 po) avec de la pellicule plastique.

Pour garnir le moule, tremper rapidement dans le café, un à un, 6 des biscuits, puis les déposer au fond du moule.

Étendre uniformément la préparation de fromage refroidie par-dessus les biscuits. Compléter en recouvrant les 6 autres biscuits, préalablement trempés dans le café.

Réfrigérer le tiramisu au moins 12 heures.

Au moment de servir, retourner le tiramisu sur une assiette. Saupoudrer de cacao à l'aide d'un tamis.

Il est important de déposer rapidement les biscuits trempés dans le café, car ils deviennent friables très rapidement.

Par sa teneur élevée en calcium, le fromage blanc contribue au contrôle du poids.

Mousse au chocolat

Onctueuse et irrésistible... pour amateurs de chocolat!

Ingrédients

385 ml (1 boîte)	**Lait évaporé sans gras**
1	**Oeuf**
45 ml (3 c. à soupe)	**Fructose**
45 ml (3 c. à soupe)	**Cacao**
45 ml (3 c. à soupe)	**Fécule de maïs**
5 ml (1 c. à thé)	**Extrait de vanille**
1 sachet	**Gélatine**
45 ml (3 c. à soupe)	**Eau froide**
3	**Blancs d'œufs**

3 portions

Mettre le lait évaporé, l'œuf, le fructose, le cacao, la fécule et la vanille dans une casserole.

Saupoudrer la gélatine sur l'eau froide et attendre 2 minutes avant de l'incorporer à la préparation de la casserole en mélangeant bien à l'aide d'un fouet.

Amener le tout à ébullition en remuant sans cesse, puis retirer du feu.

Couvrir d'une pellicule plastique.
Laisser tiédir 30 minutes sur le comptoir.

Faire monter les blancs d'œufs en neige au robot culinaire. Ajouter à la préparation en pliant délicatement jusqu'à ce que le mélange soit homogène, mais sans plus.

Réfrigérer au moins 4 heures avant de servir.

« Plier » signifie incorporer à la spatule en rabattant une préparation sur une autre avec un léger mouvement rotatif. Cette étape permet de conserver un maximum d'air dans la préparation.

Les polyphénols du cacao neutralisent les radicaux libres à l'origine du vieillissement et de nombreuses maladies dégénératives.

Gâteau au fromage
style New York

Impossible de déceler qu'il s'agit d'un dessert santé. Divin !

Ingrédients

250 ml (1 tasse)	Lait évaporé sans gras
1	Oeuf
	Le jus et le zeste d'un demi-citron
75 ml (⅓ tasse)	Fructose
30 ml (2 c. à soupe)	Fécule de maïs
1 sachet	Gélatine
45 ml (3 c. à soupe)	Eau
400 ml	Fromage frais à 0,1% M.G. (Damablanc)
1	Abaisse de tarte cuite (voir recette p. 166)
175 ml (¾ tasse)	Tartinade type confiture Minçavi de votre choix

6 portions

Dans une casserole, mélanger le lait évaporé, l'œuf, le jus, le zeste du citron, le fructose et la fécule de maïs.

Dans un autre bol, saupoudrer la gélatine sur l'eau froide et attendre 2 minutes avant de l'ajouter au premier mélange.

Mélanger à l'aide d'un fouet, puis amener à ébullition sans cesser de remuer.

Lorsque le mélange bout, retirer du feu et incorporer le fromage.

Étaler la préparation dans un moule à gâteau au fromage. Réfrigérer au moins 4 heures. Garnir avec la tartinade de votre choix.

Pour une option santé sans sucre ajouté, nous vous recommandons une tartinade Minçavi aux bleuets, aux framboises ou aux fraises et canneberges.

Note : il est également possible d'utiliser des moules à fond amovible.

Le goût acidulé du citron stimule les papilles gustatives, ce qui est excellent pour la digestion.

Bavarois aux bananes
et aux marrons

Douceur rafraîchissante à la touche finale parfaite.

Ingrédients

200 ml	**Lait évaporé sans gras**
15 ml (1 c. à soupe)	**Fécule de maïs**
5 ml (1 c. à thé)	**Cacao**
15 ml (1 c. à soupe)	**Fructose**
2,5 ml (½ c. à thé)	**Extrait de vanille pur**
1	**Jaune d'œuf**
1 sachet	**Gélatine**
45 ml (3 c. à soupe)	**Eau froide**
2	**Bananes bien mûres**
½	**Citron pressé**
12	**Marrons entiers**
30 ml (2 c. à soupe)	**Fructose**
2	**Blancs d'œufs**

6 portions

Dans une casserole, bien mélanger à l'aide d'un fouet le lait évaporé, la fécule de maïs, le cacao, le fructose, la vanille et le jaune d'œuf.

Saupoudrer la gélatine sur l'eau froide et attendre 2 minutes. L'ajouter au mélange précédent.

Amener à ébullition. Retirer immédiatement du feu. Réserver dans un grand bol.

Au robot culinaire, broyer les bananes avec le jus de citron. Broyer les marrons avec 2 cuillerées à soupe de fructose. Ajouter à la préparation. Bien mélanger.

Toujours dans le robot, battre les blancs d'œufs en neige.

Ajouter les blancs d'œufs à la préparation en pliant délicatement jusqu'à ce que le mélange soit homogène, mais sans plus.

Verser la préparation dans des ramequins (donne 6 portions de 150 ml).

Réfrigérer au moins 4 heures avant de servir.

« Plier » signifie incorporer à la spatule en rabattant une préparation sur une autre avec un léger mouvement rotatif. Cette étape permet de conserver un maximum d'air dans la préparation.

Riche en potassium, la banane aide à réduire le risque de calculs rénaux.

Tarte aux raisins à la marmelade

Petit clin d'œil nostalgique à nos souvenirs d'enfance !

Ingrédients

750 ml (3 tasses)	**Jus de pommes non sucré**
325 ml (1 ⅓ tasse)	**Raisins dorés**
325 ml (1 ⅓ tasse)	**Raisins Sultana**
30 ml (2 c. à soupe)	**Fructose**
10 ml (2 c. à thé)	**Extrait de vanille pur**
165 ml (⅔ tasse)	**Dattes en morceaux**
100 ml	**Marmelade non sucrée**
75 ml (⅓ tasse)	**Lait évaporé sans gras**
15 ml (1 c. à soupe)	**Fécule de maïs**
1	**Oeuf**
2	**Abaisses de tarte de 23 cm (9 pouces) non cuites (voir recette p. 166)**

12 portions

Dans une casserole, faire mijoter à feu doux le jus de pommes, les raisins, le fructose et la vanille environ 30 minutes afin de bien réhydrater les raisins.

Ajouter les dattes et poursuivre la cuisson jusqu'à ce qu'elles fondent. Ajouter la marmelade et mélanger.

Dans un petit bol, mélanger le lait avec la fécule de maïs et l'œuf.

Ajouter à la garniture dans la casserole. Amener à ébullition en remuant constamment.

Retirer du feu. Garnir les abaisses et cuire au four à 175 °C (350 °F) pendant 25 minutes.

Riches en glucides, les raisins secs et les dattes séchées sont de bonnes sources d'énergie pour les sportifs.

Sorbet à la mangue
ou au cantaloup

Un dessert léger pour couronner votre repas.

Ingrédients

200 g	**Cubes de mangue ou de cantaloup surgelés**
45 ml (3 c. à soupe)	**Fructose**
75 g (2,5 oz)	**Tofu mou**
½	**Citron pressé**
100 ml	**Lait évaporé sans gras**

2 portions

Sortir les fruits du congélateur 10 minutes avant de commencer à préparer le sorbet.

Au robot culinaire, mélanger le fructose et le tofu. Ajouter les fruits. Réduire en purée.

Ajouter le jus de citron et le lait, puis mélanger de nouveau.

Mettre le bol du robot tel quel avec la lame au congélateur pendant 20 minutes.

Sortir du congélateur, puis mélanger pendant 1 minute en raclant les parois du récipient avec une spatule.

Verser la préparation dans des coupes à dessert, et congeler pendant au moins 4 heures.

Mettre au réfrigérateur environ 15 minutes avant de servir pour que le sorbet ramollisse un peu.

Riches en bêta-carotène, le cantaloup et la mangue jouent un rôle important dans la vision, notamment au chapitre de l'adaptation de l'œil à l'obscurité.

Galettes

Faites-en provision, elles soutiennent les appétits de tous genres!

Ingrédients

250 ml (1 tasse)	Jus de pomme artisanal
165 ml (²/₃ tasse)	Dattes
5 ml (1 c. à thé)	Extrait de vanille pur
125 ml (½ tasse)	Noix de Grenoble
575 ml (2 ¹/₃ tasses)	Flocons d'avoine
15 ml (1 c. à soupe)	Huile de noix (ou de canola)
175 ml (¾ tasse)	Raisins secs
45 ml (3 c. à soupe)	Fructose
5 ml (1 c. à thé)	Poudre à pâte
1	Oeuf

12 portions

Dans une casserole, amener à ébullition le jus de pomme, les dattes et la vanille.

Retirer du feu et réserver.

Réduire les noix et la moitié des flocons d'avoine en poudre au robot culinaire. Ajouter l'huile et bien mélanger.

Vider le mélange de dattes dans le robot. Réduire en purée.

Ajouter les raisins secs, le fructose, la poudre à pâte et l'œuf. Mélanger. Laisser reposer la préparation au réfrigérateur pendant 15 minutes.

Préchauffer le four à 175 °C (350 °F).

Déposer la pâte à la cuillère sur une plaque à biscuits couverte de papier parchemin.

Cuire pendant 30 minutes.

Riche en fibres solubles, l'avoine contribue à abaisser le taux de mauvais cholestérol dans le sang.

Charlotte aux fruits des champs

Un goût d'été en tout temps de l'année!

Ingrédients

125 ml (½ tasse)	**Jus de raisin sans sucre ajouté**
45 ml (3 c. à soupe)	**Fructose**
1 sachet	**Gélatine**
600 g	**Fruits des champs frais ou surgelés**
6 tranches	**Pain blanc rassis ou pain intégral, la croûte enlevée**

6 portions

Verser le jus de raisin dans une casserole et ajouter le fructose.

Saupoudrer la gélatine sur le jus et attendre 2 minutes. Amener à ébullition.

Ajouter les fruits, puis mélanger et retirer rapidement du feu.

Chemiser un moule à charlotte (ou des bols individuels) avec de la pellicule plastique.

Tremper les tranches de pain dans les fruits, puis étaler au fond et sur les rebords du moule.

Verser la préparation de fruits dans le centre. Garnir avec le reste du pain.

Parmi les petits fruits, le bleuet se classe bon premier pour la santé grâce à sa propriété antioxydante.

Tarte aux pommes caramélisées
sauce caramel

Quel plaisir de cueillir les pommes et d'en goûter le charmant résultat !

Ingrédients

6	Pommes Cortland ou Délicieuses rouges
45 ml (3 c. à soupe)	Fructose
1	Abaisse de pâte à tarte non cuite (voir recette p. 166)

Sauce caramel

45 ml (3 c. à soupe)	Fructose
125 ml (½ tasse)	Lait évaporé sans gras
5 ml (1 c. à thé)	Extrait de vanille pur

6 portions

Éplucher les pommes, les couper en morceaux et réserver.

Mettre le fructose dans une casserole assez grande et faire fondre à feu moyen jusqu'à l'obtention d'une belle couleur ambrée.

Ajouter les morceaux de pommes et remuer à l'aide d'une cuillère de bois jusqu'à ce que les pommes soient caramélisées, mais encore fermes. Laisser refroidir.

Verser la préparation dans l'abaisse et cuire à 175 °C (350 °F) pendant 30 minutes.

Sauce caramel

Faire fondre à feu moyen dans une casserole le fructose jusqu'à l'obtention d'une belle couleur ambrée.

Verser le lait sur le caramel chaud en remuant à la cuillère de bois jusqu'à ce que le mélange soit homogène.

Au moment de servir, napper les pointes de tarte de sauce caramel.

La pomme est riche en fibres et en antioxydants qui sont bénéfiques pour la santé.

Crème caramel

Un petit péché déjà pardonné!

Ingrédients

75 ml (¹/₃ tasse)	**Fructose**
30 ml (2 c. à soupe)	**Eau chaude**
3	**Oeufs**
200 ml	**Lait écrémé**
100 ml	**Lait évaporé sans gras**
5 ml (1 c. à thé)	**Extrait de vanille pur**

3 portions

Dans une casserole, faire fondre 50 ml (¼ tasse) du fructose à feu moyen et poursuivre la cuisson jusqu'à l'obtention d'un caramel ambré. Ajouter l'eau et remuer avec une cuillère de bois jusqu'à ce que le tout redevienne liquide.

Verser le caramel en parts égales dans 4 ramequins de 100 ml (¹/₃ tasse).

Battre les œufs avec le lait écrémé et le lait évaporé sans faire mousser, puis incorporer l'extrait de vanille et le reste du fructose. Remuer soigneusement.

Verser la préparation dans les ramequins.

Faire cuire au bain-marie consiste à déposer les ramequins dans un plat creux et verser l'eau chaude jusqu'aux trois quarts de la hauteur des ramequins à 150 °C (300 °F) de 45 à 55 minutes ou jusqu'à ce que le dessus de la crème caramel soit ferme. Laisser refroidir, démouler et servir.

Très soutenant, l'œuf est un excellent substitut de la viande.

Gâteau fondant au chocolat

Fondez de plaisir sans aucun remord !

Fondant

50 ml	Eau
50 ml	Lait évaporé sans gras
12	Dattes
30 g (1 oz)	Chocolat non sucré haché
5 ml (1 c. à thé)	Extrait de vanille pur
30 ml (2 c. à soupe)	Fructose

Gâteau

45 ml (3 c. à soupe)	Fécule de maïs
75 ml (1/3 tasse)	Poudre de cacao
5 ml (1 c. à thé)	Poudre à pâte
2	Oeufs, blancs et jaunes séparés
50 ml	Fructose
5 ml (1 c. à thé)	Extrait de vanille pur
Une pincée	Sel

4 portions

Fondant

Faire chauffer l'eau et le lait. Ajouter les dattes. Laisser mijoter 10 minutes, puis passer au robot pour obtenir une purée onctueuse.
Ajouter le chocolat, la vanille et le fructose et bien mélanger. Réserver.

Gâteau

Mélanger la fécule de maïs, le cacao et la poudre à pâte. Réserver.

Dans un grand bol, battre les jaunes d'œufs avec le fructose et la vanille. Dans un autre bol, battre les blancs en neige avec une pincée de sel. Ajouter les blancs aux jaunes sans trop mélanger.

Tamiser les ingrédients secs, puis ajouter au mélange d'œufs. Mélanger à la spatule sans trop s'y attarder. Verser dans 4 ramequins de 100 ml (1/3 tasse) huilés très légèrement et dont le fond a été recouvert d'un disque de papier parchemin.

Déposer ensuite le fondant à la cuillère au centre des ramequins sans le mélanger au gâteau.

Faire cuire aussitôt au four préchauffé à 175 °C (350 °F) pendant 25 minutes. Laisser refroidir, démouler et servir.

Le chocolat contient des antioxydants intéressants.
Cependant, il doit être consommé avec modération.

Limonade de thé vert à la lime - 146

Cappuccino glacé - 148

Cocktail velouté au nectar de fruits - 150

Cretons - 152

Omelette soufflée à la piperade - 154

Pain doré aux fraises et à la ricotta - 156

Granola et yogourt - 158

{ *Boissons et déjeuners* }

Limonade de thé vert à la lime

Un zeste de santé pour vos moments de relaxation !

Ingrédients

500 ml (2 tasses)	**Eau de source**
3 sachets	**Thé vert**
	Quelques graines d'anis
4 tranches	**Racine de gingembre frais**
15 ml (1 c. à soupe)	**Fructose**
2	**Limes**

2 portions

Amener l'eau de source à ébullition et la verser sur les sachets de thé. Ajouter les graines d'anis, les tranches de gingembre et le fructose.

Laisser infuser le thé jusqu'à ce qu'il soit complètement refroidi.

Couper la moitié d'une lime en tranches pour décorer la boisson au moment de servir.

Presser le jus du reste des limes et l'ajouter au thé. Réfrigérer.

La limonade de thé vert aura meilleur goût si elle est réfrigérée pendant une journée. Si vous ne pouvez pas préparer cette boisson une journée à l'avance, laissez-la au réfrigérateur au moins 1 heure avant de la servir.

Servir cette rafraîchissante limonade dans des verres remplis de glaçons. Décorer de tranches de limes.

Variantes : passer le thé au mélangeur avec les glaçons.

Remplacer la lime par des mandarines ou du citron pour obtenir de nouvelles saveurs toutes aussi délicieuses.

Les polyphénols du thé sont des agents anticancéreux.

Cappuccino glacé

Un remontant rafraîchissant.

Ingrédients

250 ml (1 tasse)	Lait écrémé évaporé sans gras
250 ml (1 tasse)	Café fort (filtre)
6	Glaçons
15 ml (1 c. à soupe)	Fructose
2 gouttes	Essence de vanille naturelle
1 petite pincée	Muscade en poudre
1 petite pincée	Poudre de cacao

4 portions

Réfrigérer la boîte de lait évaporé au moins une heure avant de préparer le cappuccino glacé.

En attendant, faire le café en utilisant 15 ml (2 cuillerées à soupe) de café par tasse. Prendre soin de retirer immédiatement la cafetière du réchaud si le café est fait à partir d'une cafetière électrique. Laisser refroidir le café complètement.

Dans un mélangeur, mettre les glaçons et le lait évaporé, puis mélanger pendant une minute. Ajouter le café, le fructose, la vanille et la muscade. Mélanger à basse vitesse, puis augmenter rapidement jusqu'à haute vitesse. Le mélange deviendra ainsi très mousseux en quelques secondes et le demeurera jusqu'à la dernière goutte.

Servir le café dans des verres étroits remplis à rebord. Saupoudrer d'une pincée de cacao.

Le secret d'un mélange bien mousseux réside dans le refroidissement du lait évaporé, d'où l'importance de le placer au réfrigérateur au moins une heure avant la préparation.

Vous pouvez aussi utiliser du café décaféiné.

Cocktail velouté au nectar de fruits

Il n'y a plus de raison de sauter le déjeuner...

Ingrédients

125 ml (½ tasse)	**Pêches en conserve**
125 ml (½ tasse)	**Jus d'orange sans sucre ajouté**
90 g (3 oz)	**Tofu mou**
4	**Glaçons**
1 goutte	**Extrait de vanille pur**

1 portion

Dans un mélangeur, battre tous les ingrédients à grande vitesse jusqu'à ce que le cocktail soit lisse et onctueux.

Suivez l'inspiration du moment... variez les fruits et les essences!

Le tofu est un dérivé de la fève de soya. La consommation de soya pendant l'enfance et l'adolescence peut réduire les risques de souffrir du cancer du sein rendu à l'âge adulte.

Cretons

Bons pour la santé de toute la maisonnée.

Ingrédients

227 g (un casseau)	**Champignons**
100 ml	**Lait évaporé sans gras**
1	**Oignon haché finement**
600 g (1 ¹/₃ lb)	**Veau haché maigre**
2 pincées	**Piment de la Jamaïque**
5 ml (1 c. à thé)	**Sel**
1,25 ml (¼ c. à thé)	**Poivre blanc**
1,25 ml (¼ c. à thé)	**Sarriette séchée**
2 gousses	**Ail haché**
200 ml	**Eau**
3 tranches	**Pain intégral réduites en chapelure**

Couper les champignons en tranches, puis les hacher au robot culinaire. Ajouter le lait évaporé et mélanger pendant 1 minute.

Dans une casserole, mettre la purée de champignons et l'oignon haché finement. Ajouter la viande, les assaisonnements, l'ail, la chapelure et l'eau. Couvrir.

Les cretons demandent une cuisson lente. Laisser mijoter à feu doux pendant 1 heure. Remuer fréquemment pour éviter que la préparation ne s'attache aux parois.

Vider la préparation dans un contenant. Réfrigérer au moins 12 heures avant de servir.

Pour obtenir des portions individuelles de cretons, vider la préparation dans des contenants à glaçons. Réfrigérer au moins 12 heures avant de servir.

Ces cretons sont délicieux sur une rôtie au déjeuner ou comme entrée sur un toast Melba.

Le déjeuner est un repas essentiel pour commencer la journée du bon pied.

Le veau est très soutenant grâce à sa forte teneur en protéines.

Omelette soufflée à la piperade

Voilà un bon dépanneur pour la visite surprise !

Ingrédients

1	**Poivron rouge**
1	**Poivron vert**
1	**Oignon**
2	**Minces tranches de jambon maigre de 15 g (2 x ½ oz)**
2 gouttes	**Huile d'olive**
2 gousses	**Ail haché**
2	**Oeufs**
	Sel et poivre blanc

3 portions

Couper les poivrons, l'oignon et le jambon en fines lamelles. Faire sauter dans un poêlon avec une goutte d'huile d'olive. Ajouter l'ail. Assaisonner légèrement et réserver.

Séparer les œufs. Dans un bol, battre les blancs en neige.

Dans un autre bol, battre les jaunes, ajouter un peu de sel et de poivre, puis les ajouter délicatement aux blancs.

Faire cuire l'omelette à feu moyen dans un poêlon antiadhésif recouvert d'une mince couche d'huile.

Lorsque l'omelette est bien dorée d'un côté, la garnir de piperade et la plier en deux. Poursuivre la cuisson de 6 à 7 minutes, puis servir.

La lutéine contenue dans les œufs peut prévenir les cataractes et la dégénérescence maculaire.

Pain doré aux fraises
et à la ricotta

Pour un déjeuner au lit douillet !

Ingrédients

200 g	**Fraises fraîches**
15 ml (1 c. à soupe)	**Fructose**
5 ml (1 c. à thé)	**Menthe fraîche hachée**
1	**Oeuf**
75 ml (1/3 tasse)	**Lait écrémé**
2 tranches	**Pain intégral**
10 ml (2 c. à thé)	**Huile de canola (pour la cuisson)**
165 ml (2/3 tasse)	**Fromage ricotta léger**

2 portions

Couper les fraises en morceaux et les mélanger avec le fructose et la menthe. Réserver.

Battre l'œuf avec le lait et y tremper les tranches de pain. Faire cuire dans un poêlon antiadhésif enduit d'un peu d'huile.

Masquer le pain doré avec la ricotta et garnir avec les fraises.

Une portion (½ tasse) de fraises comble les besoins quotidiens en vitamine C.

Granola et yogourt

Besoin d'énergie ? Goûtez-y !

Ingrédients

45 ml (3 c. à soupe)	**Fructose**
165 ml (²/₃ tasse)	**Flocons d'avoine**
625 ml (2 ½ tasses)	**Céréales de riz (Spécial K)**
45 ml (3 c. à soupe)	**Noix**
45 ml (3 c. à soupe)	**Graines de sésame**
700 g (3 tasses)	**Yogourt au choix**

4 portions

Dans un grand poêlon, faire fondre le fructose à feu moyen. Ajouter le reste des ingrédients et bien mélanger.

Retirer du feu et étendre la préparation sur une plaque recouverte de papier parchemin. Cuire au four à 150 °C (300 °F) pendant 45 minutes. Laisser refroidir environ 20 minutes avant de servir.

Mélanger à votre yogourt préféré.

Une fois refroidie, la préparation doit être conservée dans un récipient hermétique.

Remettre au four quelques minutes si elle perd du croquant.

Le yogourt contient des bactéries lactiques qui aident à équilibrer la flore intestinale.

Bouillon de bœuf ou de veau - 162

Bouillon de volaille maison - 162

Margarines assaisonnées - 164

Pâte à tarte - 166

Tapenade - 168

Pesto aux tomates séchées - 170

Pesto au basilic - 170

Sauce suprême - 172

Sauce tomate - 172

Sauce demi-glace - 174

Fond brun rapide - 174

Variations sur une sauce - 175

Trempette à l'oignon rôti et variations - 176

Vinaigrette - 178

{ *Les essentiels* }

Bouillon de volaille maison

Pas juste bon quand on est malade !

Ingrédients

1	Carcasse de poulet
2 l (8 tasses)	Eau
1 branche	Céleri émincée
1	Oignon coupé en cubes
1	Carotte coupée en rondelles
1 gousse	Ail émincé
1,25 ml (¼ c. à thé)	Estragon séché
1,25 ml (¼ c. à thé)	Thym séché
	Sel et poivre au goût

Déposer tous les ingrédients dans une grande casserole. Couvrir et laisser mijoter à feu doux environ 2 heures.

Filtrer le bouillon et réfrigérer quelques heures pour que le gras remonte à la surface.

Dégraisser pour obtenir un bouillon faible en gras.

Bouillon de bœuf ou de veau

Retrouvez le bon goût de la soupe de votre mère... sans le gras !

Ingrédients

	Os à soupe de bœuf ou de veau
2 l (8 tasses)	Eau froide
1 branche	Céleri émincée
30 ml (2 c. à soupe)	Feuilles de céleri hachées
1	Oignon coupé en cubes
2	Carottes coupées en rondelles
1 gousse	Ail émincé
30 ml (2 c. à soupe)	Basilic frais haché
1,25 ml (¼ c. à thé)	Thym séché
	Sel et poivre au goût

Déposer tous les ingrédients dans une grande casserole. Couvrir et laisser mijoter à feu doux environ 2 heures.

Filtrer le bouillon et réfrigérer quelques heures pour que le gras remonte à la surface.

Dégraisser pour obtenir un bouillon faible en gras.

Margarines assaisonnées

Une saveur différente pour chaque occasion !

Lime et poivre

125 ml (½ tasse)	Margarine non hydrogénée Mincavi
	Zeste d'une lime
	Jus d'une lime
15 ml (1 c. à soupe)	Poivre du moulin

Olé ! Olé !

125 ml (½ tasse)	Margarine non hydrogénée Mincavi
2,5 ml (½ c. à thé)	Piment broyé
5 ml (1 c. à thé)	Piment de Cayenne

Florentine

125 ml (½ tasse)	Margarine non hydrogénée Mincavi
60 ml (¼ tasse)	Épinards cuits, égouttés, hachés
2,5 ml (½ c. à thé)	Muscade
45 ml (3 c. à soupe)	Parmesan
	Sel et poivre au goût

À la grecque

125 ml (½ tasse)	Margarine non hydrogénée Mincavi
45 ml (3 c. à soupe)	Fromage féta léger émietté
2 gousses	Ail haché
5 ml (1 c. à thé)	Persil frais haché
10 ml (2 c. à thé)	Mélange d'épices à la grecque

Méditerranéenne

125 ml (½ tasse)	Margarine non hydrogénée Mincavi
45 ml (3 c. à soupe)	Tomates séchées hachées
5 ml (1 c. à thé)	Bouillon de légumes déshydraté sans gras
5 ml (1 c. à thé)	Paprika

Fromage et moutarde

125 ml (½ tasse)	Margarine non hydrogénée Mincavi
45 ml (3 c. à soupe)	Fromage à la crème ultra léger à 4 % M.G.
5 ml (1 c. à thé)	Graines de moutarde
15 ml (1 c. à soupe)	Moutarde de Dijon

Du jardin

125 ml (½ tasse)	Margarine non hydrogénée Mincavi
15 ml (1 c. à soupe)	Basilic frais haché
15 ml (1 c. à soupe)	Thym frais haché
30 ml (2 c. à soupe)	Persil frais haché
45 ml (3 c. à soupe)	Ciboulette hachée

Faibles en gras saturés, les margarines non hydrogénées participent à la prévention des maladies cardiovasculaires.

Pâte à tarte

Vous la réussirez à tout coup !
Et bonne nouvelle : elle est faible en gras.

Ingrédients

500 ml (2 tasses)	**Farine d'épeautre**
5 ml (1 c. à thé)	**Levure instantanée**
30 ml (2 c. à soupe)	**Fructose**
2,5 ml (½ c. à thé)	**Sel**
75 ml (⅓ tasse)	**Lait écrémé**
30 ml (2 c. à soupe)	**Huile de canola**
1	**Oeuf**
30 ml (2 c. à soupe)	**Farine d'épeautre**

2 abaisses de 23 cm (9 pouces)

Mélanger les 2 tasses de farine, la levure,
le fructose et le sel dans un bol.

Dans une tasse, mélanger le lait, l'huile et l'œuf.

Ajouter le mélange liquide au mélange sec et mélanger.

Former une boule et la saupoudrer
de 30 ml (2 c. à soupe) de farine.

Recouvrir d'une pellicule plastique.
Laisser reposer pendant 2 heures sur le comptoir.

Rouler pour former les abaisses.

La pâte à tarte faite maison est à favoriser car elle est
plus faible en gras que celle vendue en épicerie.

Tapenade

Allez-y, goûtez le Midi de la France...
en tartinade ou en assaisonnement !

Ingrédients

200 g (1 boîte de 375 ml)	Olives noires dénoyautées
60 ml (4 c. à soupe)	Câpres
4 gousses	Ail
25 g (4 filets)	Anchois
15 ml (1 c. à soupe)	Huile d'olive extra-vierge
	Poivre du moulin au goût

Égoutter les olives et les hacher au robot culinaire. Réserver dans un bol.

Toujours au robot culinaire, hacher les câpres, l'ail et les anchois.

Mélanger le tout à la cuillère en ajoutant l'huile et le poivre.

Servir sur des craquelins ou du pain grillé comme hors-d'œuvre. On peut également la badigeonner sur du veau ou du poisson avant la cuisson.

L'olive aide à prévenir les maladies cardiovasculaires.

Pesto
aux tomates séchées

Un rayon de soleil méditerranéen dans votre assiette!

Ingrédients

250 ml (1 tasse)	Eau
425 ml (1 ¾ tasse)	Tomates séchées
1	Tête d'ail
2,5 ml (½ c. à thé)	Sel
30 ml (2 c. à soupe)	Huile d'olive extra-vierge
5 ml (1 c. à thé)	Origan frais haché
	Poivre noir du moulin

6 portions

Dans une casserole couverte, amener à ébullition l'eau,
les tomates séchées, les gousses d'ail et le sel.
Laisser mijoter à feu doux pendant 20 minutes.

Réduire la préparation en purée au robot culinaire
en ajoutant l'huile graduellement.
Ajouter l'origan et le poivre.

Pesto
au basilic

Un passe-partout au goût de Provence.

Ingrédients

4 gousses	Ail haché
30 ml (2 c. à soupe)	Noix de pin
2 bouquets	Basilic frais
1 pincée	Sel
45 ml (3 c. à soupe)	Huile d'olive

12 portions

Au robot culinaire, réduire l'ail et les noix de pin en
une purée très fine. Ajouter progressivement les feuilles
de basilic et le sel.

Ajouter l'huile progressivement et mélanger jusqu'à ce
que la préparation soit homogène.

Le pesto est délicieux avec des pâtes. On peut
également l'utiliser pour assaisonner les légumes,
les salades et le riz ou pour rehausser le goût du poisson
et de la viande blanche.

On attribue à l'ail de nombreuses vertus.
Il préviendrait, entre autres, le cancer du poumon,
de la peau et du côlon.

Le magnésium des noix de pin contribue
à la prévention du diabète de type II.

Sauce suprême

Pour accompagner vos plats de volaille préférés!

Sauce tomate

Un passe-partout pratique!

Ingrédients

250 ml (1 tasse)	Bouillon de poulet maison (voir recette p. 162)
125 ml (½ tasse)	Lait évaporé sans gras
30 ml (2 c. à soupe)	Fécule de maïs
15 ml (1 c. à soupe)	Persil frais haché
	Sel

Dans une casserole, réduire le bouillon de poulet de moitié.

Délayer la fécule de maïs dans le lait évaporé et l'ajouter au bouillon en remuant à l'aide d'un fouet. Amener à ébullition.

Retirer du feu, ajouter le persil et saler légèrement.

Ingrédients

1	Oignon
1	Carotte
2 gousses	Ail
5 ml (1 c. à thé)	Huile d'olive
	Sel
1 boîte (28 oz)	Tomates italiennes entières, en conserve
2,5 ml (½ c. à thé)	Origan séché
1	Feuille de laurier

Couper l'oignon, la carotte et l'ail en morceaux. Déposer dans une casserole avec l'huile d'olive, puis saler légèrement. Couvrir et faire suer à feu moyen pendant environ 10 minutes. Ajouter les tomates, l'origan et la feuille de laurier. Laisser mijoter environ 30 minutes en remuant de temps en temps.

Retirer du feu. Mettre en purée à l'aide du bras mélangeur.

Sauce demi-glace

*Une sauce bon chic bon genre pour
accompagner toutes les viandes !*

Fond brun rapide

*Ajoutez une touche santé à
vos recettes personnelles.*

Ingrédients

250 ml (1 tasse)	Fond brun rapide (voir recette suivante)
125 ml (½ tasse)	Vin rouge
15 ml (1 c. à soupe)	Fécule de maïs
15 ml (1 c. à soupe)	Eau
	Sel au goût

Dans une casserole, amener à ébullition
le fond brun et le vin rouge.

Laisser mijoter à feu doux jusqu'à ce que la sauce
soit réduite d'un tiers (environ 20 minutes).

Délayer la fécule de maïs dans l'eau. Ajouter à la sauce
en remuant à l'aide d'un fouet.

Retirer du feu. Saler légèrement.

Ingrédients

2	Oignons
2	Carottes
2 branches	Céleri
2 carcasses	Volaille au choix (poulet, petit canard, pintade)
2 litres (8 tasses)	Eau
1	Feuille de laurier
1 pincée	Thym

Couper grossièrement les oignons, les carottes et le céleri.

Placer les morceaux de légumes sur une plaque avec
les carcasses de volaille. Cuire au four à 160 °C (325 °F)
pendant 2 heures. Vider le tout dans une casserole
assez grande, en prenant soin de bien racler le fond
de la plaque avec un peu d'eau.

Ajouter l'eau, la feuille de laurier et le thym,
puis amener à ébullition. Laisser mijoter à feu très doux
pendant environ 2 heures.

Passer au tamis.

Réfrigérer quelques heures, puis dégraisser.

Variations sur une sauce

À vous de choisir !

Sauce aux fruits

250 ml (1 tasse)	Fond brun (voir recette page précédente)
125 ml (½ tasse)	Jus de fruits
15 ml (1 c. à soupe)	Fécule de maïs
15 ml (1 c. à soupe)	Eau

Sauce à l'oignon

1	Oignon sauté
250 ml (1 tasse)	Fond brun (voir recette page précédente)
	OU
250 ml (1 tasse)	Sauce demi-glace (voir recette page précédente)
15 ml (1 c. à soupe)	Fécule de maïs
15 ml (1 c. à soupe)	Eau

Sauce tomate et vin blanc

250 ml (1 tasse)	Sauce tomate (voir recette p. 172)
125 ml (½ tasse)	Vin blanc
15 ml (1 c. à soupe)	Herbes fraîches au choix

Sauce aurore

250 ml (1 tasse)	Sauce suprême (voir recette p. 172)
125 ml (½ tasse)	Sauce tomate (voir recette p. 172)

Sauce au fromage

250 ml (1 tasse)	Sauce suprême (voir recette p. 172)
120 g (4 oz)	Fromage à 10 % de M.G. et moins râpé

Nous suggérons ici quelques recettes mais laissez libre cours à votre imagination. Agrémentez vos sauces avec du raifort, de la moutarde, des champignons, des herbes, du vin blanc ou rouge, du jus de fruits, des fruits entiers, des vinaigres aromatisés, des agrumes ou des zestes d'agrumes.

Petit truc : limitez-vous à deux ou trois ingrédients pour réussir vos sauces personnelles. Le secret d'une bonne sauce est de la laisser réduire pendant quelques minutes.

Faibles en gras, à l'exception de celle au fromage, ces sauces s'intègrent bien dans une alimentation saine.

Trempette à l'oignon rôti

Pour rehausser la cote de popularité des crudités !

Ingrédients

500 ml (2 tasses)	Fromage frais à 0,1 % M.G. (Damablanc)
2	Oignons
45 ml (3 c. à soupe)	Vin blanc
15 ml (1 c. à soupe)	Sauce Tamari
	Sel et poivre au goût

Couvrir le fond d'un tamis suspendu au-dessus d'un bol avec 4 épaisseurs de coton à fromage.

Déposer le fromage frais sur le coton sans remuer et laisser égoutter pendant 1 heure. (Ce procédé rendra le fromage plus crémeux.)

Hacher l'oignon très finement et le déposer dans un poêlon. Faire rôtir à feu moyen en remuant à la cuillère de bois jusqu'à ce qu'il commence à brunir.

Ajouter le vin blanc et la sauce Tamari et faire réduire à sec (jusqu'à l'évaporation totale des liquides). Transférer le fromage dans un bol et ajouter le mélange d'oignons. Saler et poivrer au goût.

Servir avec vos légumes crus préférés.

Variations :

Pimento

Préparer le fromage de la même manière. Tailler 2 poivrons en morceaux, faire sauter à feu vif avec un peu d'huile d'olive, et passer au robot avec le fromage.

Au pesto

Ajouter 30 ml (2 c. à soupe) de pesto au fromage préparé, et mélanger.

Au cari

Faire suer 2 oignons en morceaux avec un peu d'huile d'olive, et ajouter 15 ml (1 c. à soupe) de cari et mélanger au fromage préparé.

Rémoulade

Hacher 2 cornichons, 30 ml (2 c. à soupe) de câpres, 15 ml (1 c. à soupe) d'estragon frais et mélanger au fromage avec 5 ml (1 c. à thé) de moutarde de Dijon et 5 ml (1 c. à thé) de sauce Worcestershire.

À la tapenade

Ajouter 45 ml (3 c. à soupe) de tapenade au fromage.

Le calcium de source alimentaire, tel le fromage, pourrait contribuer à maintenir une tension artérielle normale.

Vinaigrette

*Une touche de créativité ravivera
la plus banale des salades.*

Ingrédients

15 ml (1 c. à soupe)	Vinaigre de xérès
5 ml (1 c. à thé)	Moutarde de Dijon
1 pincée	Sel
1 pincée	Poivre du moulin
30 ml (2 c. à soupe)	Huile d'olive extra-vierge

Dans un bol, mélanger le vinaigre avec la moutarde, le sel et le poivre, puis verser l'huile en filet en remuant constamment à l'aide d'un fouet.

En conservant toujours les mêmes proportions d'huile, d'élément acide et de moutarde, utiliser les ingrédients suivants :

- Huile de noix et vinaigre de framboises;

- Huile de sésame grillé et vinaigre de riz;

- Huile de tournesol première pression
  et le jus réduit d'un pamplemousse
  (porter à ébullition quelques secondes);

- Huile d'olive extra-vierge et vinaigre d'estragon;

- Huile de maïs bio et le jus réduit d'un citron
  (porter à ébullition quelques secondes).

L'huile d'olive a des effets bénéfiques sur l'hypertension artérielle
et aide à prévenir les maladies cardiovasculaires.

10 conseils pour une meilleure santé

Suggestions pour composer vos menus

Index des recettes et équivalences

{ *Trucs et conseils* }

10 conseils pour une meilleure santé

1. ## Redécouvrez le plaisir de faire les courses et de cuisiner.

   Le plaisir de s'alimenter doit être au cœur de nos vies. Raison de plus d'en faire une priorité et d'être bien organisé. Se procurer et manipuler de beaux aliments, en apprécier les odeurs et les couleurs, puis en savourer les textures et les saveurs en présence des êtres qui nous sont chers, rien de plus plaisant !

2. ## Sélectionnez des aliments variés pour les repas et les collations.

   Aucun aliment ne contient tous les nutriments nécessaires à notre alimentation quotidienne. Il est donc important de sélectionner des aliments de chacun des groupes alimentaires afin d'équilibrer l'apport en nutriments au cours de la journée. Prenez des collations entre les repas pour combler les besoins nutritionnels quotidiens.

3. ## Mangez une grande quantité de fruits et de légumes colorés.

   On doit manger entre 5 et 10 portions de fruits et de légumes par jour. À l'épicerie, pensez aux 7 couleurs de l'arc-en-ciel et déposez des fruits et des légumes colorés dans le panier. Ainsi, l'apport en vitamines et en minéraux sera diversifié.

4. ## Privilégiez les bons gras.

   Remplacez les gras néfastes (l'huile hydrogénée, le saindoux, les gras saturés, etc.) par ceux qui ont des effets bénéfiques sur la santé (les huiles végétales comme l'huile d'olive, l'huile de canola, l'huile d'arachide et l'huile de soya, les avocats, les noix et les graines, le poisson, etc.). Les bons gras aident à diminuer le mauvais cholestérol véhiculé dans notre organisme. Il faut tout de même en consommer avec modération, car ils sont riches en énergie.

5. ## Maintenez un poids optimal pour la santé et le bien-être.

   Le poids santé n'est pas seulement une question d'esthétique! Que nous soyons trop maigres ou trop enrobés, notre santé est menacée. Rappelez-vous que la meilleure façon d'atteindre et de maintenir un poids santé est d'améliorer graduellement vos habitudes de vie. Il n'y a rien de sorcier, il suffit d'avoir une alimentation équilibrée et de faire de l'exercice régulièrement. Des changements trop radicaux ou trop rapides pourraient entraîner une résistance de l'organisme à perdre du poids et le découragement causé par les échecs accumulés. Soyez patients, ayez du plaisir et récompensez-vous !

6. Buvez suffisamment d'eau !

Notre corps a besoin d'au moins 1,5 litre (6 tasses) de liquide par jour ! S'il fait très chaud ou si l'on fait de l'exercice physique, il faut en consommer davantage. L'eau est le liquide à privilégier : elle ne contient aucune calorie, elle est très accessible et très économique ! De plus, elle contribue à éliminer les toxines de notre organisme et à combattre la déshydratation. Afin de maximiser nos efforts d'hydratation, il est recommandé de modérer la consommation des boissons qui stimulent la sécrétion de l'urine : l'alcool, les boissons gazeuses, le thé et le café.

7. Faites de l'exercice régulièrement.

L'activité physique n'est pas seulement bénéfique pour la perte de poids. En plus de nous obliger à faire une pause et à prendre du temps pour soi, l'activité physique encourage le corps à sécréter de l'endorphine, une hormone qui agit de façon positive sur l'humeur. Ainsi, être actif aide à se sentir bien et à avoir un bon moral. L'activité physique est également bénéfique pour le système cardiovasculaire et pour la santé en général.

8. Découvrez de nouveaux aliments.

Sortez de la monotonie et partez à la découverte de nouvelles saveurs. Ajoutez à votre panier d'épicerie un nouvel aliment par semaine. Au bout d'un an, vous aurez découvert 52 nouvelles saveurs.

9. Consommez les aliments à leur plus simple expression.

Moins ils sont raffinés ou transformés, plus les aliments sont concentrés en nutriments (fibres, vitamines et minéraux). Découvrez les pains complets, les céréales entières, les fromages artisanaux, les fruits et légumes frais, etc.

10. Ajoutez régulièrement des protéines végétales et du poisson au menu.

Les légumineuses regorgent de qualités : elles sont faibles en gras et en polluants, riches en protéines et en fibres solubles. Elles rassasient, elles contribuent à abaisser le mauvais cholestérol sanguin et elles diminuent les risques de certains cancers. Le poisson, quant à lui, a un effet bénéfique sur le moral en plus de protéger les neurones et le système cardiovasculaire grâce aux oméga-3 qu'il contient. Mangez-en en quantité suffisante !

Suggestions pour composer vos menus

Temps de réjouissances

Velouté de champignons (p. 22)

Rôti de cerf rouge mariné à la *Raffaele* (p. 78)

Purée de céleri-rave (p. 44)

Tarte aux pommes caramélisées, sauce caramel (p. 138)

Tapas (1)

Définition : repas constitué d'amuse-gueules.
Le terme tapas est d'origine espagnole.

Tarte portugaise (p. 30)

Tartare de saumon (p. 16)

Coquilles farcies à la ricotta et aux olives Kalamata (p. 112)

Tapas (2)

Escabèche de bar rayé et de vivaneau (p. 92)

Champignons marinés à la grecque (p. 34)

Crevettes provençales (p. 106)

Aphrodisiaque

Salade d'asperges aux amandes grillées (p. 36)

Cari de porc au gingembre et aux fruits (p. 58)

Gâteau fondant au chocolat (p. 142)

Déjeuner tardif (1)

Omelette soufflée à la piperade (p. 154)

Rôties et cretons (p. 152)

Café spécialisé (p. 148)

Déjeuner tardif (2)

Granola et yogourt (p. 158) ou
Cocktail velouté au nectar de fruits (p. 150)

Pain doré aux fraises et à la ricotta (p. 156)

Café spécialisé (p. 148)

Buffet

Mousse de crevettes de Matane (p. 10) ou
Mousse de jambon (p. 8)

Pot-au-feu de côtes croisées (p. 50) ou
Bœuf bourguignon (p. 52)

Salade de légumes grillés (p. 38)

Tarte aux pommes caramélisées, sauce caramel (p. 138) ou
Gâteau fondant au chocolat (p. 142)

Sur la terrasse

Limonade de thé vert à la lime (p. 146)

Salade de grelots et de jambon
à la moutarde et à la sauge (p. 40)

Brochettes de poulet au romarin et au citron (p. 70)

Bavarois aux bananes et aux marrons (p. 128)

Fête d'enfants

Crudités et trempette à l'oignon rôti (p. 176)

Boulettes de dindon aux champignons Portobello (p. 66)
ou Waterzooï (p. 64)

Sorbet au cantaloup (p. 132)

Souper entre amis (1)

Noisettes de veau à la persillade
et fondue d'oignons (p. 82)

Salade de verdure et vinaigrette (p. 178)

Charlotte aux fruits des champs (p. 136)

Souper entre amis (2)

Langoustines grillées à l'ail (p. 104)

Gnocchis à la romaine (p. 114)

Crème caramel (p. 140)

Midi express

Poivrons farcis au riz sauvage (p. 72) ou
Filet de sole Bonne Femme (p. 94) ou
Bâtonnets de poisson et de crabe (p. 98) ou
Chaudrée de palourdes (p. 26) ou
Salade composée, pousses à l'orange et thon au riz (p. 42)

Souper tour du monde

Souper méditerranéen

Souvlaki (p. 54) ou Kebabs aux épices marocaines (p. 88)

Patates grecques (p. 32)

Tarte aux raisins à la marmelade (p. 130)

Souper asiatique

Soupe Miso au tofu grillé (p. 18)

Satay de poulet, sauce aux arachides (p. 62) ou
Poulet grillé, sauce à l'orange et à la coriandre (p. 68)

Sorbet à la mangue (p. 132)

Souper italien

Tapenade sur croûtons de pain (p. 168)

Escalope de veau milanaise (p. 86) ou
Poulet chasseur (p. 74)

Tiramisu (p. 122)

Index

Entrées et amuse-gueules

Mousse de jambon 8
1 portion = 1 protéine, ¼ lait

Mousse de crevettes de Matane 10
1 portion = ½ protéine, ¼ lait

Pain à l'ail 12
1 portion = 1 pain, ½ gras

Steak tartare 14
1 portion = 1 protéine, 1 gras, 2 condiments

Tartare de saumon 16
1 portion = 1 protéine, 1 gras

Soupes et potages

Soupe Miso au tofu grillé 18
1 portion = ¼ protéine

Soupe de poisson 20
1 portion = 1 protéine, ½ substitut de pain

Velouté de champignons 22
1 portion = ¾ lait, 1 condiment

Velouté de volaille 24
1 portion = ½ protéine, ½ lait, 1 condiment

Chaudrée de palourdes 26
1 portion = ½ protéine, 1 substitut de pain,
1 lait, ½ gras, 1 condiment

Légumes et accompagnements

Tarte portugaise 30
1 portion = ½ gras

Patates grecques 32
1 portion = 1 substitut de pain, 1 gras

Champignons marinés à la grecque 34
1 portion = ½ gras

Salades

Salade d'asperges aux amandes grillées 36
1 portion = 2 gras

Salade de légumes grillés 38
1 portion = 1 gras

Salade de grelots et de jambon 40
1 portion = 1 protéine, 1 substitut de pain, 1 gras

Salade composée, pousses à l'orange et thon au riz 42
1 portion = ½ protéine, 1 substitut de pain, ¼ fruit, 4 gras

Purée de céleri-rave 44
1 portion = 1 substitut de pain

Plats principaux

Bœuf Stroganov   48
1 portion = 1 protéine, ½ lait, 1 gras, 3 condiments

Pot-au-feu de côtes croisées   50
1 portion = 1 protéine, 1 substitut de pain

Bœuf bourguignon   52
1 portion = 1 protéine, 1 gras

Souvlaki   54
1 portion = 1 protéine, 1 gras

Filet de porc au poivre vert   56
1 portion = 1 protéine, 1 lait, 1 condiment

Cari de porc au gingembre et aux fruits   58
1 portion = 1 protéine, 1 fruit

Rôti de porc glacé aux pommes et
sauce parfumée à l'anis   60
1 portion = 1 protéine, 1 fruit

Satay de poulet sauce aux arachides   62
1 portion = 1 protéine, ½ fruit, 4 gras, 1 condiment

Waterzooï   64
1 portion = 1 protéine, ½ lait, 1 légume rationné, 1 condiment

Boulettes de dindon aux champignons Portobello   66
1 portion = 1 protéine, ½ céréale

Poulet grillé sauce à l'orange et à la coriandre   68
1 portion = 1 protéine, 1 fruit, 1 condiment

Brochettes de poulet au romarin et au citron   70
1 portion = 1 protéine, 1 gras

Poivrons farcis au riz sauvage   72
1 portion = ½ protéine, 1 substitut de pain

Poulet chasseur   74
1 portion = 1 protéine, 1 gras

Lapin à la moutarde et à l'estragon   76
1 portion = 1 protéine, 1 gras, 1 condiment

Rôti de chevreuil mariné à la *Raffaele*   78
1 portion = 1 protéine, ½ gras, ½ alcool

Suprêmes de pintade à la choucroute   80
1 portion = 1 protéine, ½ gras

Noisettes de veau à la persillade et
fondue d'oignons   82
1 portion = 1 protéine, ¼ lait, 1 gras

Paupiettes de foie de veau et de jambon à la duxelles   84
1 portion = 1 protéine

Escalopes de veau à la milanaise   86
1 portion = 1 protéine, ½ pain, 1 condiment

Kebabs aux épices marocaines   88
1 portion = 1 protéine

Filet de truite arc-en-ciel à l'antiboise   90
1 portion = 1 protéine, 1 gras

Escabèche de bar rayé et de vivaneau   92
1 portion = 1 protéine, 1 gras

Filet de sole Bonne Femme   94
1 portion = 1 protéine, ¼ lait

Filet de saumon sauté, sauce à l'aneth et aux épinards   96
1 portion = 1 protéine, 1 gras, ½ lait

Bâtonnets de poisson et de crabe   98
1 portion = 1 protéine, ½ pain, 1 gras

Moules trois façons   100
1 portion = 1 protéine, 1 substitut de pain (si frites)

Frites   100
1 portion = 1 substitut de pain

Coquilles Saint-Jacques   102
1 portion = 1 protéine, ½ lait

Langoustines grillées à l'ail   104
1 portion = 1 protéine, ½ pain, 1 gras

Crevettes provençales   106
1 portion = 1 protéine

Pâtes à la carbonara   108
1 portion = ½ protéine, ½ lait, 1 substitut de pain

Sauce Alfredo ou rosée   110
1 portion = ½ lait, 1 substitut de pain

Coquilles farcies à la ricotta et aux olives Kalamata   112
1 portion = ½ protéine, 1 substitut de pain, 1 gras

Gnocchis à la romaine   114
1 portion = 1 substitut de pain, ½ lait, 1 condiment

Tarte à la ricotta et fondue de tomates   116
1 portion = ½ protéine, 1 pain, ½ gras

Crêpes grillées farcies au fromage de chèvre et jambon   118
1 portion = 1 protéine, 1 pain

Desserts

Tiramisu   122
1 portion = ¼ protéine, 1 pain, ½ lait

Mousse au chocolat   124
1 portion = 1 lait, 2 condiments

Gâteau au fromage style New York   126
1 portion = ½ protéine, 1/3 lait, 1 pain, ½ gras, 2 condiments

Bavarois aux bananes et aux marrons   128
1 portion = 1 fruit, ¼ lait

Tarte aux raisins à la marmelade   130
1 portion = 1 pain, ½ gras, 3 fruits

Sorbet à la mangue ou au cantaloup   132
1 portion = 1 fruit, 1/2 lait

Galettes   134
1 portion = ½ céréale, 1 fruit, 1 gras

Charlotte aux fruits des champs   136
1 portion = 1 pain, 1 fruit

Tarte aux pommes caramélisées sauce caramel   138
1 portion = 1 pain, 1 fruit, ½ gras, 1 condiment

Crème caramel   140
1 portion = ½ protéine, ½ lait

Gâteau fondant au chocolat   142
1 portion = Ajout au palier 5 du maintien

Boissons et déjeuners

Limonade de thé vert à la lime — 146
1 portion = À volonté

Cappuccino glacé — 148
1 portion = ½ lait

Cocktail velouté au nectar de fruits — 150
1 portion = 1 protéine du déjeuner, 2 fruits

Cretons — 152
Par portion de 30 g = 1 protéine du déjeuner

Omelette soufflée à la piperade — 154
1 portion = 1 protéine du déjeuner

Pain doré aux fraises et à la ricotta — 156
1 portion = 1 protéine du déjeuner, 1 pain, 1 fruit, 1 gras

Granola et yogourt — 158
1 portion = 1 céréale, 1 yogourt, 1 ½ gras

Les essentiels

Bouillon de bœuf ou de veau — 162
À volonté

Bouillon de volaille maison — 162
À volonté

Margarines assaisonnées — 164
Par portion de 5 ml = 1 gras

Pâte à tarte — 166
1 portion = 1 pain, ½ gras

Tapenade — 168
Par portion de 15 ml = 1 gras

Pesto aux tomates séchées — 170
1 portion = 1 gras

Pesto au basilic — 170
1 portion = 1 gras

Sauce suprême — 172
Toute la recette = 1 lait, 2 condiments

Sauce tomate — 172
Toute la recette = 1 gras, 1 légume rationné

Sauce demi-glace — 174
Toute la recette = 1 alcool, 1 condiment

Fond brun rapide — 174
Toute la recette = À volonté

Variations sur une sauce — 175
– Sauce aux fruits
  Toute la recette = 1 fruit, 1 condiment
– Sauce à l'oignon
  Toute la recette = 1 condiment
– Sauce tomate et vin blanc
  Toute la recette = 1 alcool
– Sauce aurore
  Toute la recette = ½ lait, 2 condiments
– Sauce au fromage
  Toute la recette = 1 protéine, ½ lait, 2 condiments

Trempette à l'oignon rôti — 176
Par portion de 125 ml = ½ protéine

Vinaigrette — 178
Par portion de 5 ml = 1 gras

Remerciements

Parce que nous ne pourrions réussir sans conviction, dévouement et confiance.

Ce livre n'aurait pas sa raison d'être sans la contribution exceptionnelle de Mme Lyne Martineau, fondatrice de Minçavi. Il y a plus de 20 ans, cette femme a eu la vision de créer un programme santé pour toute la famille, une conviction remarquable à une époque où la privation était la seule option pour perdre du poids. Je suis fière d'être sa fille et d'avoir la chance de perpétuer son rêve chaque jour à ses côtés. Merci de croire en moi et de m'avoir appris tout ce que je sais aujourd'hui.

Cependant, toute la conviction du monde ne pourrait rien sans la force du réseau Minçavi. L'énergie, le dévouement et l'attachement de ses employés permettent de diffuser chaque jour notre vision dans toutes les régions de l'est du Canada, accompagnant ainsi des milliers de membres dans leur parcours vers le mieux-être.

Mes remerciements s'adressent d'ailleurs à ces milliers de femmes et d'hommes qui, chaque année, confient à Minçavi leur recherche d'équilibre par une meilleure alimentation et un mode de vie plus sain. Ces membres retrouvent chez Minçavi plus qu'un programme alimentaire en devenant la base d'une communauté, d'un réseau d'entraide autour d'un objectif commun : améliorer leur mieux-être et leur santé sans faire de compromis sur la saveur et le plaisir.

Merci à tous ceux qui de près ou de loin ont permis la concrétisation de cet ouvrage : Vincent Montcalm, notre chef cuisinier qui a fait preuve de dynamisme et d'ouverture d'esprit ; Danielle Dubois, nutritionniste, qui a supervisé le projet et fourni de précieuses informations ; Marie-Ève Pépin, notre francophile ; Jacynthe Bourget, rédactrice et correctrice ainsi que Véronique Therrien, nutritionniste Minçavi.

Je terminerai enfin en saluant l'équipe de l'agence Spoutnik qui a su mettre en forme et en images notre projet : David, Christian, Nancy et Sandra. Leur énergie et leur expertise en communication ont permis de concevoir un design efficace au service de notre mission et de votre plaisir. Sans oublier Louis, Josée, Marie-Sophie et Dominique pour leurs superbes photos.

Je vous confie donc maintenant cet ouvrage qui, je le souhaite sincèrement, vous accompagnera au quotidien et sera l'occasion de passer de beaux moments en compagnie de ceux qui vous sont chers.

Merci de votre confiance.

Amicalement,
Caroline M. Gauthier
Vice-présidente exécutive
cmg@mincavi.com